끝에서
바라본 시작

이 책의 작가 인세는
서울아산병원 소아 완화의료팀 <햇살나무>에게 기부됩니다.

모든 것을 잃은 것처럼 보이지만
사실은 모든 것을 얻게 된 이야기

끝에서
바라본 시작

지은이 장연호

문과 1등. 고3 마지막 기말고사를 딱 하루 앞두고
고등학생에서 암환자가 되었다.

추천의 글

이 책에는 혈액암이라는 무시무시한 질병을 이겨낸 연호 군의
강한 의지가 있습니다. 아픔 속에서도 남들을 사랑하려는 따뜻
한 마음이 깃들어 있습니다. 인생의 경험은 짧을 수 있어도 그
의 생각은 가슴을 울립니다. 저자가 투병 속에서 느낀 삶의 의
미, 고통을 지나며 얻은 "사랑"이라는 정답. 모두가 이 책을 통
해 어떻게 살아가야 할지 힌트를 얻을 수 있기를 바랍니다.

전주신흥고등학교 교장 김병호

모든 것을 잃은 것처럼 보이지만, 사실은 모든 것을 얻게 된 이
야기. 고통 속에서 세상 그 무엇보다 귀중한 보물을 얻기까지의
서사. 저의 페르소나와 같은 연호 군의 삶을 바라보면 가슴 저
밑바닥부터 물컹물컹합니다. 그저 고맙다고, 함께 걸어가 보자
고 말하고 싶습니다. 저자가 선명하게 받아 든 삶의 비밀을 이
책을 읽는 많은 분이 눈치챌 수 있기를 바랍니다.

법무법인 슈가스퀘어 대표변호사, 비영리 프로젝트 슈가스퀘어 공동대표
박지영

당신은 이 책에서 백혈병과 사투를 벌이면서도 "하루를 살아도
사랑하며 살고 싶다." 말하는 열아홉 소년을 만날 것이다. 투병
의 고통이 그에게 무엇을 알려주었는지, 삶의 끝자락에서 어떻
게 사랑하며 살겠다는 꿈을 꾸게 되었는지 생생한 과정을 지켜
볼 수 있다. 그의 이야기엔 가슴을 촉촉이 적시는 감동이 있고,

우리 삶에 대한 강력한 도전이 있다. 당신이 마지막 책장을 넘길 때쯤이면 마술에 걸린 것처럼 "나도 사랑하는 사람으로 살고 싶다." 고백할지 모른다.

한국백혈병환우회 대표 안기종

연호 군을 처음 만났던 순간을 기억합니다. 투병의 고통을 겪었다는 사실이 믿기지 않을 만큼 밝고 적극적인 모습이 인상 깊었습니다. 다선의원들도 긴장하는 국정감사장에서 차분히 보건의료정책의 문제점을 짚어내고, 더 많은 환자가 더 나은 삶을 살 수 있게 개선해달라고 외치던 소년의 모습. 이 책은 그날의 연호 군을 보면서 느꼈던 감정을 온전히 다시 떠오르게 합니다. 그때의 저처럼 『끝에서 바라본 시작』을 읽는 모든 분이 긍정 에너지와 희망의 메시지를 얻어가실 수 있을 거라고 확신합니다.

더불어민주당 국회의원 최혜영

작가는 열아홉 어린 나이에 죽음이라는 공포를 마주했다. 대입을 앞두고 혈액암 발병이라는 불가항력적 이유로 돌아서야만 했다. 나 역시 백혈병을 겪었지만, 그가 겪어야 했을 상실감을 감히 상상하지 못하겠다. 그러나 그는 무너지지 않았다. 오히려 환자들이 살기 위해서 피를 구해야 하는 현실을 바꾸려고 제일 앞줄에서 마이크를 잡았다. 20대 청년의 생존과 성장의 기록을 따라가다 보면, 독자들은 어느새 다시 삶을 살아갈 힘을 얻고 있는 자신을 발견하게 될 것이다.

'저는 암병동 특파원입니다', '다시 말해줄래요.' 작가 황승택

'헉헉······.'

"연호야! 여기서 뭐 하나?"

'아, 요즘 체력이 너무 떨어졌어. 힘들어서 쉬고 있다.'

"엥, 진짜? 맨날 앉아만 있으니까 그렇지. 운동 좀 해~"

급식을 먹고 교실로 올라가기 위해 계단 몇 칸을 오르는데 숨이 턱 밑까지 찼다. 난간을 붙잡고 헐떡이며 쉬고 있는데, 친구 하나가 운동 좀 하라며 어깨를 툭 치고 올라간다. 공부한다고 운동을 너무 안 해서 이렇게까지 체력이 떨어졌나? 사실 요즘 몸이 좋지 않다. 조금만 걸어도 어지럽고, 공부하는데 자꾸 눈이 핑핑 돈다. 어딘가 찜찜한 기분이 들었다. 분명 큰일은 아니겠지만, 병원에 한 번 가봐야 할 것 같다.

"급성 골수성 백혈병입니다."

고등학교 3학년 여름이었다. 마지막 기말고사를 앞두고 가벼운 마음으로 찾은 병원에서 덜컥 백혈병 진단을 받았다. 운동을 안 해서 체력이 떨어진 게 아니라 암세포가 몸을 갉아 먹고 있었던 거다. 고작 열아홉에 이런 기막힌 시련이 찾아오다니. 내 삶은 이대로 끝인 걸까?

반년 동안 암과 처절한 싸움을 벌였다. 약해진 면역력 때문에 세균에 감염되어 고생했었고 삶의 의미를 찾지 못해 방황하기도 했다. 외롭고 아팠던 시간이었다. 모두가 도와줬지만 결국 홀로 감당해야만 했던 고통이었다. 지난 일주일 동안에는 골수를 아예 태워버리는 항암치료를 받으며 죽음 직전까지 갔었다. 그 모든 과정을 버텨내고 2021년 11월 2일, 마침내 백혈병 치료의 마지막 단계인 조혈모세포 이식을 받는 날이 되었다. 매 순간 마음을 다해 치료해 주신 의료진과 사랑하는 아버지가 지켜보는 가운데 이식을 시작했다. 무언가 뜨거운 것이 가슴속의 관을 타고 천천히 몸속으로 흘러 들어온다. 이것은 동생의 조혈모세포다. 가족이니까 당연히 해야 하는 일이라며 중학교 졸업사진도 찍지 않고 병원에 왔다. 아픈 오빠를 살리기 위해 기꺼이 골수를 기증해 준 동생의 마음이 고마웠다. 눈물을 훔치고 있는데, 간호사 선생님 한 분이 등을 토닥여주며 말씀하셨다.

"연호야 수고 많았어. 이제 새로운 인생 시작이다!"

그래, 새로운 시작이다. 그동안 값없이 받았던 사랑과 헌신을 생각해서라도 힘을 내기로 했다. 혼자가 아니라며 내 손을 따뜻하게 잡아주었던 마음들을 생각해서라도 다시 일어나기로 했다. 내게 주어진 두 번째 삶, 사랑하며 살리라.

무사히 조혈모세포 이식을 마치고 집으로 돌아왔다. 가만히 눈을 감고 그동안 있었던 일을 돌이켜 본다. 소가 한번 삼킨 먹이를 게워 내듯이 지나간 세월을 꺼내어 다시 꼭꼭 씹어본다. 혁이 덕분에 새로운 꿈이 생겼고, 준우 덕분에 행복을 알게 되었으며, 죽음과 가장 가까이 있을 때

나의 존재 가치를 깨달았다. 아픔 속에서도 배움이 있었고, 고난 중에도 은혜가 있었다. 사랑으로 다시 일어난 이야기를 세상에 전하고 싶었다. 처절하고 슬프기만 한 투병기가 아니라 장연호라는 사람이 백혈병을 통해 어떤 사람으로 거듭났는지를 보여주고 싶었다. 끝에서 바라본 시작, 나의 이야기가 누군가에게 닿길 간절히 소망하며 진심을 담아 보낸다.

Part 1.
눈 떠보니 벼랑 끝

전교 반성문 1등

🌿 "딩~동~댕~동~"

점심시간을 알리는 종소리다. "꿀꺽…." 적막한 급식실에 배식원 아주머님 마른침 삼키는 소리가 작게 울려 퍼진다. 곧이어 먼 곳에서부터 우당탕하는 소리가 들려오기 시작하는데, 그 정체는 급식을 빨리 먹으려는 학생들의 뜀박질 소리였다. 그중에서도 선두에서 달리고 있는 건, 이제 막 중학교 3학년이 된 나! 장연호다. 오늘은 고기반찬이 나오는 날이다. 서둘러 음식을 받아 전투적으로 달려들었다. 제육볶음은 조금 퍽퍽하긴 했지만 그래도 꽤 만족스러운 한 끼였다. 빵빵해진 배를 부여잡고 교실로 돌아왔다. 밥도 다 먹었겠다. 이제 느긋하게 자리에 앉아 푹 쉬려는데, 친구 하나가 다가와서 말을 건넨다.

"연호야, 너 선생님이 교무실로 오래."

'어? 왜?'

"나야 모르지."

이상하다. 오늘은 수업도 잘 들었는데, 선생님이 찾으시는 이유가 뭘까? 칭찬하려고 부르시는 건 아닐 텐데. 곰곰이 이유를 생각해 보니 문득 걸리는 게 하나 있었다. 도살장에 끌려가는 늙은 소처럼 친구를 따라 교무실로 힘없이 걸어갔다.

교무실에 들어가니 선생님께서 차가운 표정으로 업무를 보고 계셨다. 쭈뼛쭈뼛 선생님께 다가가며 어제 있었던 일을 떠올려 본다. 그때 급식 메뉴는 가지볶음에 브로콜리였다. 내 나이 열여섯이다. 하루에 한 번은 위장에 기름칠을 해줘야 하는데, 브로콜리라니. 도저히 참을 수가 없었다. 어쩔 수 없이 뜻이 맞는 친구들과 함께 학교 앞에 있는 중국집에 다녀왔다. 학교 담을 넘어 쥐도 새도 모르게 갔다 왔는데, 완전범죄라 생각했건만 비겁한 목격자 녀석의 증언으로 들켜 버린 듯했다. 속으로 깊은 한숨을 내쉬고 있는데 선생님께서 나지막한 목소리로 물으신다.

"너 어제 점심시간에 어디 있었어?"

'......'

"씁…. 말 안 해?"

'화룡반점에 있었습니다. 죄송합니다.'

고개를 푹 숙이고 선생님께 잘못을 빌었다. 큰일이다. 사실 최근에 새벽까지 휴대전화를 하다가 아버지에게 걸려서 나와 부모님 간에 냉전이 시작되었다. 학교에서 또 말썽을 피웠다는 사실을 부모님이 알게 되면 냉전은 끝나고 핵전쟁이 시작되리라. 떨리는 목소리로 선생님께 선처를 호소했다.

"그러면 내일까지 반성문 써와! 써오는 거 봐서 부모님께 말씀드릴지 안 드릴지 결정할 거야."

다행히 자비로운 선생님께선 마지막 기회를 주셨다. 이번 반성문에 가정의 평화가 달려있다. 모든 노력을 기울여 이 평화를 지켜야만 했다. 집으로 돌아와 출사표를 쓰는 제갈량처럼 엄숙한 마음으로 책상 앞에 앉았다. 너무 과하지 않게, 그렇다고 너무 성의 없어도 안 된다. 글자 하나하나 공들여가며 A4용지 몇 장을 빼곡히 채웠다. 시간이 흘러 어느새 손가락은 연필의 흔적으로 검게 물들었고, 드디어 대업이 완성되었다. '이거면 됐다!' 내가 썼지만, 이 반성문은 미쳤다. 우선 반성의 기회를 주신 선생님께 감사드리며 시작한다. 내가 무슨 잘못을 했는지, 어떤 마음으로 반성문을 쓰는지 송구스러움이 뚝뚝 묻어나게 글을 전개한다. 마지막으론 옛 시대의 성인들처럼 매일 자신을 돌아보며 살겠다고, 결초보은의 자세로 충실히 학교생활에 임하겠다고 포부를 밝히는 거다. 은은한 미소가 입가에 맴돌았다. 내일 반성문을 보실 선생님의 반응이 내심 기대가 될 정도였다.

　"잘 썼네. 이번 한 번만 봐주는 거야! 다음부터 잘하자, 연호야."
　'네~ 선생님!'

기대는 어긋나지 않았다. 선생님은 반성문을 보고 미소를 감추지 않으셨다. 후일 전해 듣기로는 동료 선생님들께 보여주시며 감탄하셨다고 한다. 그것도 모자라 후배들이 반성문을 쓸 때, 내 글을 견본으로 사용할 만큼 반성문의 파급력은 엄청났다.

'야! 내가 전교에서 반성문은 제일 잘 써.'

애초에 반성문을 쓸 정도로 말썽을 부리면 안 된다. 그러나 철없고 단순했던 그 시절엔 내가 반성문 하나는 기막히게 잘 쓴다며 주위에 자랑하고 다녔다. 중학생 때는 그랬다. 공부보다는 친구들과 어울려 노는 것이 더 중요했고, 밤새 SNS를 하는 게 더 좋았다. 물론 시험 기간에도 시험 점수보다 오버워치 경쟁전 점수가 더 중요했기 때문에 학교 성적은 아버지의 주식 그래프처럼 바닥을 향해 떨어졌다.

'전교 반성문 1등' 그것이 똥인지 된장인지는 관심이 없었다. 일단 1등이니까. 누가 그때의 나에게 공부는 안 하냐고 묻는다면, 씩 웃으면서 '저도 반성문은 전교 1등이거든요!'라고 말했을 것 같다.

네가 알던 내가 아냐

🌱 드디어 중학생 딱지를 떼고 어엿한 고등학교 1학년 학생이 되었다. 어릴 적에는 고등학생만 되어도 세상 돌아가는 이치를 모두 깨닫고 진정한 어른이 될 준비를 하고 있을 줄 알았다. 그런데 어른은 개뿔. 징그럽게 몸만 컸지, 마음은 하나도 변한 게 없었다. 쉬는 시간을 알리는 종이 울리자마자 운동장으로 뛰쳐나갔던 꼬맹이 시절처럼 언제나 나의 관심사는 새로운 친구를 사귀고, 오늘의 급식 메뉴를 진지하게 평가하는 일 따위에 있었다.

"야, 이번 시험 어떻게 봤냐?"
'잘 봤지.'
"오~ 공부 좀 했냐?"
'뭐래, 시험지를 잘 봤다고~'

최근에 시험을 봤다. 결과부터 말하자면 아주 시원하게 말아먹었다. 수학은 감히 손도 대보지 못했다. 시험지를 잘 보기만 했던 이번 시험은 지난번보다 성적이 낮게 나왔다. 나보다 성적이 조금 높았던 한 친구는 그걸 가지고 놀렸다.

"그럼 그렇지~ 네가 뭔 공부냐?"
'야, 나랑 별로 차이도 안 나면서 까불지 좀 마.'
"큭큭. 넌 죽었다 살아나도 나 못 이겨."
'응 꺼져~'

다른 장난에는 비교적 관대한 편이지만, 이런 식의 농담을 들으면 기분이 썩 유쾌하지 않았다. 그깟 성적 조금 더 높다고 사람을 바닥 취급하다니, 괘씸한 친구에게 본때를 보여주고 싶었다. 그러던 어느 날, 우리 반에서 제일 공부를 잘하는 친구들과 진로에 관한 이야기를 한 적이 있었다. 나는 이렇다 할 꿈이 없었다. 진로에 대해 한마디도 제대로 하지 못했는데, 친구들은 저마다의 계획이 있었고 꿈이 있었다. 의사가 되겠다는 친구도 있고, 과학자가 되겠다는 친구도 있었다. 그때 처음으로 스스로가 너무 초라하게 느껴졌다. 이 친구들이 이렇게 크는 동안 난 뭐 했나 싶어서 자괴감이 들었다.

집으로 돌아와 생전 처음으로 앞으로 살아갈 미래에 대해 진지하게 고민을 해봤다. 일단 공부는 제대로 시작해야겠다. 학교에서 알려주는 것처럼 좋은 대학교에 입학해야 괜찮은 직장을 얻을 것이다. 직장에서 많은 돈을 벌고 그 돈으로 폼 나는 양복이나 멋진 차를 산다면? 아무도 나를 무시할 수 없을 것이다. '그래, 까짓것. 공부 좀 해보지 뭐.'

"풉, 네가 공부하겠다고? 그래~ 열심히 해봐~"
공부를 시작한다고 주위에 포부를 밝히니 몇몇 친구들의 비웃음을 받았다. 기분 나쁜 조소에 오기가 생겼다. 더욱 결연해진 마음으로 책상 앞에 앉았건만, 애석하게도 집중력이 10분을 넘기지 못했다. 태어나서 단 한 번도 공부를 제대로 해본 적이 없으니, 처음부터 잘 될 리가 없었다. 집에서 조금씩 영어 단어를 외우다가 금방 싫증이 나서 휴대전화를 들여다보기도 하고, 책에다 낙서를 주야장천 하기도 했다. 공부한답시고 대충 시간만 보내는 날이 많아지면서 의문이 들었다. 내가 이 정도밖에 안 되는 놈이었던가? 나는 대체 뭐 하는 놈일까? 공부를 하는 것도 아니고, 그렇다고 아예 하지 않는 것도 아니고. 뭐든지 애매한 것이 제일 싫은데, 내가 딱 애매한 놈이었다. 회의감이 들었다. 심사숙고 끝에 나는 나를 고소하기로 했다.

마음속 법정에서는 지금 막 재판이 시작되고 있었다. 근엄한 표정의 검사 장연호는 재판장 장연호에게 피고인 장연호의 죄목을 밝힌다.

"존경하는 재판장님. 피고인은 대한민국 수험생 법에서 강조한 <수험생은 엉덩이에 쥐가 날 때까지 자리에 앉아 공부해야 한다.>라는 조항을 밥 먹듯이 위반했습니다. 학생으로서 공부는 전혀 하지 않으면서 부모님 돈만 쪽쪽 빨아먹은 죄가 특히 악랄하므로 강력한 처벌이 필요하다고 생각합니다."

재판장 장연호도 동의한다는 듯이 고개를 천천히 끄

덕이며 한숨을 쉬었다. 검사 장연호는 두려움에 떨고 있는 피고인 장연호를 경멸하는 눈빛으로 찌릿 째려보고는 말을 이었다. "피고인에게 동네 친구 접견 금지 2년 형, 게임 플레이 금지 3년 형, 독서실 징역 2개월을 구형합니다." 장내는 술렁이기 시작했다. 피고인 장연호는 독서실 징역만은 안 된다며 눈물로 선처를 호소했으나 검사의 구형은 그대로 수용되었다.

2학년 진급을 앞둔 겨울방학을 맞아 그동안 공부를 열심히 하지 않은 죄로 독서실에서 감방살이를 시작했다. 감방에서는 노동 교화 형벌을 받는다. 국어, 수학, 영어, 사회 등 정해진 범위를 무조건 학습해야 한다. 나와의 약속을 지키지 못한다면 자유는 없다.

처음엔 탈옥을 고민했지만 이내 마음을 바꿨다. 더 이상 물러날 곳이 없다는 것을 스스로도 잘 알았기 때문이다. 어쩔 수 없이 배수의 진을 쳐야만 했다. 두 달 동안 아침 일찍부터 저녁 늦게까지 독서실에서 열공하며 나와의 약속을 성실하게 지켰다. 방학이 끝나자 나는 완벽한

'모범 수험생'이 되어 있었다. 모범 수험생, 줄여서 '모범
수'다. 열심히 학교생활을 한 결과 바닥이었던 성적이 학
력 진보상을 거듭 수상할 정도로 올랐고, 나를 보는 주위
의 시선도 달라지기 시작했다. 아들을 대하는 아버지의
말투도 나긋나긋해지고, 어머니는 부쩍 웃음이 많아졌다.
2학년 담임선생님도 "교직 생활 20년 동안 이렇게까지 성
적이 오른 애는 처음 봤다."고 말씀하셨다.

　'후…'
　어느덧 1년이 지나 고3 수험생이 되었다. 모두가 열심
히 준비했던 3학년 1학기 중간고사가 끝났을 무렵이었다.
나는 교무실 앞에서 긴 한숨을 내쉬고 있었다. 아, 오해는
없길 바란다. 중학생 때처럼 반성문 따위나 쓰러 온 것이
아니라 선생님의 신뢰를 한 몸에 받는 학급 실장으로서
온 것이다. 오늘은 특히 선생님께 개인적으로 부탁할 일
도 있다. 조심스럽게 교무실 문을 열고 선생님을 찾았다.

　'선생님, 오늘 학급 청소 다 끝났습니다. 확인도 다 했
고요.'

"어~ 수고했어. 주말 잘 쉬고 와."

'네. 그리고 이번에 중간고사 본 거 등수 표 뽑아주시기로 하셨는데, 좀 볼 수 있을까요?'

"아, 맞다. 조금만 기다려봐."

온 신경이 선생님의 컴퓨터로 집중되었다. 등수 표까지 뽑아 달라며 선생님을 찾아온 이유가 있었다. 시험이 끝나고부터 문과에서 공부를 제일 잘하는 친구들과 시험 성적을 맞춰봤는데, 어쩐지 친구들보다 잘 본 것 같은 느낌이 들었다. 하지만 공식적인 확인이 없으니 정확히 알 수가 없었다. "드르륵–"하며 <3학년 중간고사 파일>에서 내 이름을 찾는 선생님의 마우스 휠 소리가 마른침을 꿀꺽 삼키게 한다.

"연호야…."

'네?'

"문과 1등!? 이야~ 선생님은 믿고 있었다!"

'아, 다 선생님 덕분이죠. 감사합니다!'

"그래, 앞으로도 지금처럼만 열심히 하자!"

아마도 평생 그 순간을 잊지 못할 것이다. 교무실에 있던 선생님들의 시선이 모두 나에게 쏠리고, 박수갈채를 받았다. 강렬하게 느껴지는 성취감 때문에 몸을 가누기가 힘들 정도로 좋았다. 등수 표를 받고 교무실에서 벗어나 아무도 없는 우리 반 교실로 돌아왔다. 쿵쾅대는 마음을 뒤로하고, 복도에 누가 없는지 꼼꼼하게 살폈다. 분명 아무도 없다. 그리고 잠깐 긴 숨을 들이마셨다가 큰 함성을 질렀다. '우와~~~!!!' [장연호], 내 이름 석 자 옆에 적혀 있는 '1'이라는 숫자. 보기만 해도 입이 귀까지 찢어졌다. 자식을 보는 부모의 마음이 이런 마음일까? 바라만 보고 있어도 실실 웃음이 나오니까 말이다. 예전에 나를 바닥 취급하며 무시했던 친구에게 이 성적표를 보여주면서 노래 하나를 불러주고 싶었다. '♬ 네가 알던 내가 아냐~ ♬'

바닥에서 놀던 때가 엊그제 같은데. 1년도 안 되어 문과 1등까지 올라가다니, 나 자신이 자랑스러워서 견딜 수가 없었다. 하지만 명심해야 한다. 좋은 대학에 들어가지 못한다면 결국 이것도 허울뿐인 영광일 것이다. 대학에 지원할 때, 3학년 1학기 기말고사까지 성적이 들어간다.

다행히 이번 중간고사에서는 좋은 성적을 거두었으니 곧 있을 기말고사에 모든 것을 걸어볼 작정이다. '할 수 있다. 장연호!' 주먹을 꼭 쥐고 다시 한번 결의를 다졌다.

내 몸이 어딘가 이상하다

🍃 대망의 기말고사를 약 2주 정도 앞둔 어느 날이었다. 아침 해가 밝아 일어나 보니 몸 상태가 영 좋지 않았다. 머리가 지끈거려 이마에 손을 대보니 불덩이였다. 학교에 가려면 씻어야 하는데 샤워실로 갈 엄두도 나지 않았다. 손가락 하나 까딱할 힘조차 없었다. 기숙사 룸메이트 민수가 보기에도 내 모습이 심상치 않았는지 걱정스레 말을 건넨다.

"너 오늘따라 안색이 더 안 좋다."
'그래 보여? 몸이 좀 처지긴 하네.'
"얼굴이 너무 창백해."
'아, 왜 그러지? 어제 잠을 잘 못 자서 그런가?'

가방 한구석에 박혀있던 영양제를 주섬주섬 꺼냈다. 어머니께서 건강이 제일 중요하니까 시간 날 때마다 챙겨 먹으라며 주신 종합비타민이다. 솔직히 그동안 귀찮아서 잘 먹지 않았는데, 몸이 좋지 않으니까 혹시 영양소 부족인가 싶어서 얼른 입속에 털어 넣었다. 그러고 보니 요즘 들어서 얼굴이 창백하다는 소리를 유독 많이 듣는다. 찜찜한 기분이 들어 거울을 보니 내가 봐도 정말 핏기 하나 없이 창백하다.

"연호야, 너 몸은 괜찮니? 어디 아파 보이는데."

'네, 그냥 어제 잠을 못 자서 그런 것 같아요. 괜찮습니다.'

선생님들도 날 붙잡고 어디 아픈 곳 있냐며 걱정하실 정도였다. 그럴 때마다 잠을 잘 못 자서 그렇다고. 괜찮다면서 대충 얼버무렸지만, 사실은 그렇지 않았다. 중간고사가 막 끝났을 때부터 그랬나? 계단을 오를 때는 이상하리만큼 숨이 차서 중간에 한 번쯤은 난간을 붙잡고 헐떡거리며 쉬어야 할 정도로 체력이 떨어졌다. 밤늦게까지 공부하다가 코피가 나왔는데 30분이 넘도록 지혈이 되지 않은 적도 있었다. 이제 6월이라 친구들은 하복을 꺼내 입었는데 나만 동복 차림이었다. 그리고도 으슬으슬 추워서 겉옷까지 껴입어야 했다. 솔직하게 말하면, 열심히 공부하는 친구들은 다들 그런 줄 알았다. 정말 힘들어도 참고 사는 줄 알았다. 아니, 더 정확히는 내가 아픈 걸 인정하기 싫었다. 당장 기말고사가 너무 중요해서 스스로 몸을 돌볼 여유 따위는 없었다. '하루 종일 앉아만 있는데 체력이 떨어지는 건 당연한 일이지.' 하면서 일상 속의 많은 불편함을 대수롭지 않은 것쯤으로 여겼다. 이후에도 몸의 이상 신호는 꾸준히 보였으나 아파도 아플 수가 없는 고3 수험생이었기에 속으로 고통을 삭여가며 공부했다.

기말고사가 가까워질수록 상태는 더욱 악화되었다. 열은 39도가 넘게 오르고, 머리가 어지러워 글씨 하나 제대로 읽히지 않았다. 그러나 차마 의자에서 엉덩이를 뗄 수는 없었다. 대입에 들어가는 마지막 시험 아닌가. 일분일초도 낭비해선 안 된다. 해열제와 진통제를 번갈아 먹으며 공부하다가 정신이 아득해질 즈음이면 떠밀리듯 잠자리에 들었다. 왜 그렇게 살았냐고 물으면 할 말이 없다. 당장의 건강보다는 일단 시험을 잘 보는 것이 더 중요하고, 명문대학에 입학하는 게 더 중요했다. 어떤 어려움 속에서도 손에서 펜을 놓지 않는 것이 대한민국 수험생의 미덕 아니었던가.

그렇게 2주가 흘렀다. 버티고 버티다가 얼마 전에 찾아간 동네 병원에서는 단순히 감기라고만 했다. 하지만 어찌 된 영문인지 약을 먹어도 몸이 좋아지질 않는다. 금요일, 마지막 보충 수업이 끝나고 기숙사에서 집으로 돌아왔다. 열이 펄펄 끓었지만 억지로 눈을 부릅뜨며 책을 보았다. 기말고사가 코앞인데 지금 잘 수는 없었다. 한참을 그렇게 있는데, 갑자기 눈앞이 뿌옇게 흐려졌다. 몸이 지금 빨리 자라면서 협박하는 듯했다. 어쩔 수 없이 미처 다 끝내지 못한 공부를 뒤로하고, 병든 닭처럼 축 처진 채 잠을 청했다.

얼마나 지났을까. 아침이 밝고 정신없이 눈을 떴지만, 무거운 돌을 가슴 위에 올려놓은 것처럼 도저히 자력으로 몸을 일으킬 수가 없었다. 후들거리는 팔로 옆에 있는 체온계를 들어 열을 재보니 무려 40도가 넘는 고열이었다. 신체 각 부분이 떨어져 나가는 느낌이었다. 정말 최악이었다. 한여름에 두꺼운 이불을 덮고 누워있는데, 윗니와 아랫니가 부딪힐 정도로 몸을 떨었다. 눈앞은 하얗게 흐려 보이기 시작했으며 귀는 알 수 없는 이명과 심장박동 소리로 가득 찼다. 거의 기어가다시피 움직여 거실로 나오니 부모님께서는 내 모습을 보시고 아연실색하시며 당장 병원에 가보자고 재촉하셨다. 시험이 바로 코앞인데 자꾸 병원에 가자는 부모님의 말씀이 듣기 거북했다. 그러나 진료는 한 번 받아봐야 할 것 같았다. 의사 선생님만 잠깐 보고 다시 독서실에 갈 생각으로 가방에 책을 주섬주섬 챙겨 힘겹게 현관을 나섰다. '헉헉…' 고작 몇 걸음 걸었을 뿐인데 벌써 숨이 터질 듯이 찼다. 어제까지만 해도 이 정도는 아니었는데 몸이 확 나빠진 것이 이제야 실감이 된다. 뭔가 느낌이 좋지 않다. 내 몸이 어딘가 이상하다.

시험이라도 끝나고 아팠으면

"장연호 환자분 맞으시죠? 병원 오시면서 어지럽다거나 숨이 차지는 않았어요?"

'네. 어지럽기도 했고, 숨도 조금 찼었습니다.'

"음, 피검사 결과가 좋지 않아요. 전체적으로 혈액 수치가 다 낮은데 혈색소 수치가 특히 낮아요. 보통 정상 수치가 15 정도 되는데, 환자분은 5밖에 안 되거든요? 쉽게 말하면 피가 정상인의 3분의 1밖에 없는 거예요. 어지러웠던 것도, 숨이 찼던 것도 몸에 제대로 산소 공급이 되지 않아서 그런 겁니다."

'설마 별일이야 있겠어?'라고 생각하며 가벼운 마음으로 현관문을 나섰다. 그런데 잠깐 눈을 감았다 떠보니 지역에서 가장 큰 대학병원 응급실이었다. 나보고 '응급

환자'란다. 지금 상황을 도무지 믿을 수가 없다. 어느새 양 팔엔 굵은 주삿바늘이 꽂혀 있고 누군가의 피가 끊임없이 몸속으로 들어온다. 그 와중에 해야 할 검사는 왜 이리도 많은 건지 몇 분마다 한 번씩 날카로운 바늘에 찔렸다. 입이 바짝 마르고 몸에서 피비린내가 나는 듯했다.

'제 상태가 많이 안 좋은 건가요?'

"이 정도 수치면 당장 쓰러져서 병원에 실려와도 이상하지 않은 수치예요. 일상생활 자체가 힘드셨을 텐데, 그동안 왜 병원 안 오셨어요? 빨리 입원부터 하셔야 합니다."

당장 쓰러져서 실려와도 이상하지 않다니. 무슨 드라마에서나 나올 법한 대사였다. 어안이 벙벙했다. 확실히 몸 상태가 정상은 아닌 듯하다. 그러나 한편으로는 시험에 대한 걱정이 들었다. 몸이 어떻든지 간에 시험은 꼭 봐야 한다. 대학 입시는 내 삶의 전부라고 봐도 무방하다. 이번 시험을 어떻게 준비했는데, 아파도 기말고사는 보고 아파야 한다. 고3 수험생인 나에게는 높은 시험 점수가 존재 이유이자 최고의 가치였다. 차라리 공부하다가 정말 쓰러지더라도 지금 있어야 할 곳은 여기가 아니라 독서실이었다. 앞에 있는 의사 선생님을 일단 설득해 보기로 했다.

　'선생님, 입원이야 하긴 하겠는데 제가 3일 후에 기말고사를 보거든요.'

　"기말고사요?"

　'네, 대학교 가는 데 중요한 시험이라 그동안 열심히 준비했거든요. 어차피 주말이라 중요한 검사는 바로 못 한다고 들었는데, 이거 수액이랑 다 맞고 잠깐 퇴원해서 시험만 보고 입원하면 안 될까요?'

　최대한 멀쩡한 척하면서 퇴원 의지를 피력했다. 당장 허락만 떨어진다면 양팔에 꽂힌 주삿바늘을 모두 빼버리고 독서실로 향할 기세였다. 분명 학창 시절에 나 이상으로 더 간절히 공부했을 젊은 의사는 시험 이야기를 듣자, 고민에 빠지는 것처럼 보였다. 긴 숨을 들이마셨다가 천천히 내뱉었다.

“양심상 퇴원은 못 시켜요.”

‘네?’

“상황은 이해하는데 이대로 퇴원은 못 해요. 일단 병원에 있으면서 지켜봐야 해요. 별일 없으면 잠깐씩 퇴원해서 시험 볼 수도 있는 거니까. 공부할 거 있으면 병원에서 공부해요. 의사 양심상 퇴원은 못 시킵니다.”

어쩌다가 의료인의 양심까지 건드려 버렸을까? 나도 눈치라는 게 있다. 의사 선생님의 단호한 표정이나 눈빛을 보아하니 이대로 퇴원은 절대 안 된다. 더 이상 고집부린다고 해결될 문제는 아닌 것 같아 그냥 받아들였다. 두려움에 고개를 떨어뜨렸다. 기말고사를 보지 못한다면 그동안의 노력과 시간이 모두 물거품이 되고 말 거다. 고구마 백 개를 연속으로 먹은 것처럼 가슴이 답답했다. 한숨이 절로 나올 정도로 화나고 억울했다. 누구보다 열심히 준비했던 시험인데 응시 자체가 불확실해지자 눈물까지 차올랐다.

그렇게 입원이 최종 결정되고, 응급실에서 소아청소

년과 병동으로 딱딱한 침대에 실려 옮겨지는 길이었다. 멍하니 누워 천장을 바라보고 있는데, 드라마의 한 장면처럼 병원의 투박하고 딱딱한 회색 천장과 이에 대비되는 밝은 조명이 눈앞을 휙휙 지나갔다. 그 모습을 넋 놓고 바라보다 힘이 풀렸다. 아프더라도 시험까지만 보고 아팠으면 좋겠다. 시험이라도 끝나고 아프게 해달라고 소리 없는 아우성을 외로이 질렀다.

세상이 무너지다

기말고사를 딱 하루 앞두고 있던 월요일이었다. 결국 퇴원은 하지 못했다. 지난 주말에 입원한 이후로 쉴 새 없이 많은 검사를 받다가 월요일이 되자마자 '골수검사'라는 걸 받았다. 골수검사는 정말 끔찍했다. 일단 골수검사를 하려면 성인 남자의 검지손가락 정도 굵기의 바늘이 필요하다. 아, 정정하겠다. 바늘이 아니라 대못이라고 부르는 게 더 자연스럽다. 아무튼 그 대못을 골반 뼈까지 깊숙하게 밀어 넣은 후에 뼈를 뚫고 그 안에 있는 골수조직을 채취하는 것이 골수검사다.

사실 골수검사는 아무나 하는 것이 아니다. 의료진으로부터 골수검사를 받아야 한다는 이야기를 듣고, 웬만한 것은 거의 다 아는 네이버 형님께 골수검사는 무엇인지 조심스럽게 여쭤보았다. 형님의 정보에 따르면, 주로 혈액 관련 희귀 질환이나 백혈병 같은 큼지막한 질병이 의심될 때 마지막으로 하는 검사가 골수검사라던데, 혹시 그동안 몸이 안 좋았던 이유가 백혈병일 수도 있겠다고 생각하니 소름이 돋았다. '아니, 아닐 거야.' 고개를 세차게 저으며 부정했다. 내가 백혈병이라니, 말도 안 된다. 백혈병은 아닐 것이다. 아니어야만 한다.

착잡한 마음을 달래려 문제집을 폈다. 주말에 미처 끝내지 못한 사회탐구 기출문제를 모두 풀고, 영어 교과서를 펼쳐 시험에 꼭 나온다는 중요 문장을 외우고 있었다. 시험은 학생의 사정을 봐주지 않는다. 골반에 구멍이 숭숭 뚫린 채로 침대에 쪼그려 앉아 공부에 집중했다. 허리가 마구 욱신거렸지만, 어딘가에 집중하니까 기분이 조금 나아지는 것 같기도 했다. 그때였다. 소아청소년과 교수님이 병실로 들어와 인사를 건넸다.

"검사한 곳은 괜찮아?"
'네… 네! 생각했던 것보다는 괜찮아요.'

입이 바짝 마를 정도로 긴장이 되었다. 아마 골수검사 결과를 전하기 위해 오셨을 거다. 백혈병만 아니라면 뭐든지 받아들일 각오는 되어 있다. 속으로 긴 한숨을 뱉으며 교수님을 똑바로 바라보았다. 잠깐의 침묵 이후에 교수님께서 결과를 말씀하셨다.

"어, 검사 결과가 다 나온 건 아닌데 보이지 않아야 할 미성숙한 세포가 검사상으로 보여서 지금은 더 정확히 알아보는 중이야."

'아, 네…. 그러면 많이 안 좋은 건가요?'

"음, 미성숙한 세포가 혈액 내에서 40% 정도 보여. 20% 이하는 골수 이형성 증후군이라고 혈액 질환 중의 하나인데, 20%가 넘어버리면 주로 백혈병이긴 하지."

온몸에 소름이 돋으며 순간 세상이 멈춰버리는 것 같은 기분이 들었다. 심호흡을 하며 겨우 정신을 가다듬고 다시 생각해 봤다. 나에게 있는 미성숙한 세포가 40%라고 한다. 20%가 넘어버리면 백혈병인데, 나는 40%…. 잠깐, 그러면 내가 백혈병이라는 소리잖아…? '설마~ 백혈병은 아니겠지……' 생각하면서 겨우 스스로를 다독이고 있었는데, 그 설마가 실제로 사람을 잡아버렸다. 한참을 멍한 눈으로 교수님만 바라보다가 재차 물었다.

'선생님, 그러면 제가 암에 걸린 건가요?'
"현재로선 그렇게 보여……."

사람이 한꺼번에 감당하기 힘든 충격을 받으면 그 순간에는 눈물도 나오지 않고, 화도 나지 않는다. 그저 혼란스럽다. 숨도 잘 안 쉬어지고, 무언가에 머리를 아주 세게 얻어맞은 것처럼 멍해진다. 당장 아무것도 떠오르지 않는 머릿속에서 문득 스치는 생각이 있었다. '그게 왜 나야?' 답은 아무도 모른다. 어이가 없어서 실소가 터졌다가 곧이어 억울한 마음에 온몸이 부르르 떨렸다.

다행히 아버지가 보호자로 계셔준 덕분에 교수님의 추가 설명을 듣고 백혈병으로 확진됐을 시에 향후 계획을 논의할 수 있었다. 백혈병은 불과 몇십 년 전까지만 해도 걸리면 거의 죽음을 맞는 무서운 병이었으나 요즘은 의료

기술의 발달로 완치까지 기대할 수 있는 병이라고 했다. 치료만 잘 받으면 원래의 일상으로 돌아올 수 있다고 교수님께서 위로를 건네셨다. 그러나 그게 들릴 리가 없었다. '나 이제 고작 열아홉인데, 죽을 수도 있다는 거야?' 생각하며 끝없이 절망했다.

세상이 무너지는 기분이었다. 교수님이 병실을 떠나고 책상 앞에 어지럽게 놓여 있던 문제집을 신경질적으로 치웠다. 이게 다 무슨 소용인가 싶었다. 당장 죽을 수도 있다고 생각하니 얼마 전까지만 해도 세상의 전부였던 시험이나 대학 따위가 한없이 가볍게만 느껴졌다. 기말고사의 모든 과목을 0점 맞아도 좋고, 원하던 대학교에 못 가게 되어도 좋으니 제발 이게 꿈이었으면 좋겠다고 생각했다. 그렇게 몇 시간을 앉아 울었다. 너무 화가 나서 펑펑 울지도 못하고, 주먹을 떨면서 흐느꼈다. 곁을 지키던 아버지는 그런 아들의 모습을 보면서 차마 어떤 말씀도 하지 못하셨다.

시간이 흘러 그날 밤이었다. 아버지가 침묵을 깨고 아들에게 말했다.

"그나마 다행이라고 생각한다."

'네?'

"치료하면 나을 수 있는 병이라잖아. 아버지는 그게 얼마나 감사한 줄 모르겠다."

새삼 놀라웠다. 이전부터 알고 있었지만, 아버지는 내 생각보다 훨씬 강한 사람이었다. 놀람과 동시에 슬펐다. 왜 이런 순간에도 아버지는 다만 아버지라는 이유로 담담한 모습을 보이고 강해야만 하는 걸까. 감사하다는 말 이면에 자리하고 있는 아버지의 깊은 눈물이 나를 더욱 서럽게 했다.

"내일 당장 서울로 올라가자."

'서울이요?'

"방금 이모랑 통화하고 왔는데, 이모 일하시는 병원으로 옮겨서 치료받아 보자."

'……알았어요.'

"그래. 얼른 자라. 아빠도 내일 가려면 좀 자야겠다."

막내 이모님은 서울의 한 대학병원에서 20년째 간호사로 일하고 계신다. 아마 골수검사 이전부터 아버지는 아들이 백혈병이라는 걸 어렴풋이 짐작했던 것 같다. 내가 모르는 사이에 이모와 향후 계획을 논의하고 전원을 확정하신 듯 보이는데, 어른들이 결정하신 문제라 참견하고 싶지 않았다. 말없이 고개를 끄덕이고 잠을 청했다. 어둠이 짙게 깔린 병실에 가만히 누워, 지금까지 소중히 품어왔던 꿈들을 하나씩 버렸다. 시험도, 대학도, 미래도…. 그러다 눈물이 퍽 터진다. 기말고사를 하루 앞두고, 백혈병이라니, 시험이 시작되는 날에 학교가 아니라 서울의 대형 병원으로 향해야 한다니, 이것이 나의 운명일까? 그렇다면 고작 열아홉에 죽을 운명이었던 건가. 절망에 짓눌려 질식할 것만 같은 밤이었다.

투병의 사막 속으로

🌿　나는 SKY에 가고 싶었다. 이유는 단순했다. 애써 무시해도 대한민국은 학벌 사회 아닌가? 누가 나눴는지는 모르겠지만 어쨌든 대학의 등급이 존재하고, 그에 따라 학생의 평가가 갈린다. 바닥을 기던 성적이 점점 오르면서 주위의 시선이 달라지는 것을 직접 체감했다. 신기했다. 나 자체는 아무것도 변한 것이 없고 단지 성적만 올랐을 뿐인데, 비웃음만 받던 내가 이제는 기대를 받는다니. 그 기대에 부응하기 위해서는 좋은 학벌이 꼭 필요했다. 똑똑한 학생, 자랑스러운 아들로 계속 남고 싶었다.

　하지만 정신을 차리고 보니, SKY는 죽어서 승천하는 것을 제외하곤 갈 방법이 없어졌다. 서울로 향하는 아버지의 차 안이었다. 새내기 대학생이 아니라 백혈병 의심

환자로 상경하고 있다니, 지금의 처지를 도무지 믿을 수 없었다. 창밖 넘어 보이는 서울의 빌딩과 대학교의 모습이 낯설게만 느껴졌다. 특히 대학교는 보이긴 보여도 만지거나 닿을 수 없는 신기루처럼 느껴졌다.

"지이잉-"

아까부터 휴대전화가 부지런하게 울린다. 오늘부터 기말고사가 시작됐다. 저번 주까지만 해도 곁에서 시험공부에 열을 올리던 내가 다른 날도 아닌 시험 날에 학교를 오지 않으니, 친구들의 전화가 비 오듯이 쏟아졌다. 다들 하나같이 좋은 친구들이지만 전화를 받기가 싫었다. 당장 나조차도 지금의 상황이 믿어지지 않는데, 그걸 아무 일도 아닌 것처럼 친구들에게 설명할 자신이 없었다. 무엇보다 친구들에겐 아주 잠깐이라도 더 백혈병 환자인 장연호가 아니라 얼마 전까지 함께 웃고 떠들던 그 장연호로 있고 싶었다. 휴대전화 전원을 아예 꺼버리며 어느새 볼을 타고 흘러내리는 눈물을 몰래 닦았다.

우리나라에서 가장 크다는 서울아산병원에 도착했

다. 이모는 연차를 쓰시고 일찍부터 조카를 기다리고 계셨다. 이모를 보자마자 울컥 쏟아지려는 눈물을 가까스로 참았다. 명절에 기쁜 얼굴로 만나던 가족을 환자와 간호사로서 만나다니 씁쓸했다.

불행 중 다행으로 응급실에 남는 자리가 하나 있어서 바로 병상을 배정받았다. 피곤한 몸을 잠시 누이려는데, 그 잠깐의 여유조차도 응급환자에겐 허락되지 않았다. 불쌍한 팔과 다리엔 주삿바늘로 벌집처럼 구멍이 숭숭 뚫리고, 내일은 날이 밝자마자 골수검사를 다시 받아야 한단다. 백혈병 중에서도 무슨 백혈병인지 확진이 필요하다는 이유였다. 속이 꽉 막히는 듯했다. 불과 일주일 사이에 이렇게까지 일상이 변할 수가 있다니 어이가 없었다. 고개를 푹 숙이고 두 눈을 감았다. 공부한답시고 잘 찾지 않던 하나님을 간절히 부르며 나에게 왜 이런 시련을 주시느냐고 온갖 원망을 다 쏟아냈다.

그렇게 하룻밤을 보내고, 6월의 마지막 날을 맞이했다. 아침부터 골수검사를 했다. 지난 골수검사의 상처가 채 아물기도 전에 골반에는 또다시 구멍이 뚫렸다. 허리에 느껴지는 통증을 참으며 생각했다. 시험도 못 보게 되었으니 대학 입시는 이제 정말 틀렸구나. 천장을 바라보며 긴 한숨을 쏟아내었다. 처음 공부를 시작한다고 했을 때가 불현듯 떠올랐다. 은근히 나를 무시하고 비웃던 친구들의 목소리가 들리는 듯했다. 억울한 마음에 눈물이 흘렀다. 그동안 명문대 입학이라는 오아시스를 바라며 마치 사막을 걷는 것처럼 힘들게 살았다. 모래에 발이 빠지고 지쳐 쓰러져도 다시 일어났다. 그러나 예상치 못한 폭풍에 휩싸여 달콤한 물을 마음껏 맛보기도 전에 경로를 이탈했다. 아프지 않았다면 지금쯤 학교에서 기말고사 두 번째 날의 시험을 치르고 있을 텐데, 학교가 아닌 병원에 있는 현실이 믿기지 않았다. 마치 세상으로부터 낙오된 것 같은 기분이었다.

그때였다. 굳게 닫혀있던 병실의 문이 열렸다. 의료진분들이었다. 표정이 좋지 않은 의료진에게 둘러싸여 오늘 골수검사의 정확한 결과를 듣게 되었다. '급성 골수성 백혈병.' 그러니까 혈액암. 더 이상 흘릴 눈물도 없어서 멍하니 앉아 쓰디쓴 얼굴로 입맛을 다셨다. 고등학생에서 암 환자로, 이제는 수험 생활보다 훨씬 더 어려운 투병의 사막으로 들어가게 되었다. 그날 밤 내내 울었다. 솔직히 자신이 없었다. 희망이라곤 하나도 보이지 않는 현실에 첫걸음을 떼기도 전에 무너질 것만 같았다. 이 삭막한 사막에도 끝이 있을까? 다시 예전으로 돌아갈 수는 있을까?

Part 2.
그래도 삶은 흐른다

기다림이 필요할 때

백혈병을 확진 받고 한동안은 정말 우울했다. 원래 힘든 일이 있어도 하룻밤 자고 일어나면 괜찮아지는 무던한 성격이다. 하지만 텔레비전에서나 보던 백혈병 환자의 모습이 나의 현실이라고 생각하니 일상생활이 불가능할 정도로 절망스러웠다. 너무 억울했다. 내가 무슨 잘못을 저질렀다고 이런 몹쓸 병에 걸렸을까? 주위의 기대를 한 몸에 받던 학생에서 암환자가 되다니, 인생사 새옹지마라지만 이건 전혀 예상치 못한 변화였다.

착잡한 마음에 머리카락을 쓸어 넘기니 무언가 우수수 떨어졌다. 어이가 없어서 헛웃음이 나왔다. 머리카락이 그대로 떨어진 것이었다. 사실 얼마 전부터 가슴에는 보기 흉한 관이 꽂히고, 독한 항암제가 들어가기 시작했다.

백혈병은 확산 속도가 빠른 병이라고 한다. 최대한 빨리 치료를 시작해야 했기 때문에 새로운 삶을 받아들일 잠깐의 여유도 없이 항암치료를 받아야만 했다. 항암치료 이후에 머리카락은 추풍에 지는 낙엽처럼 떨어졌다. 겨울이 되면 나무가 가지고 있던 잎을 떨어뜨리듯이, 나도 인생의 겨울을 맞아 가장 먼저 머리카락을 떨어뜨린다. 방금 떨어진 내 낙엽을 치우며 눈가엔 눈물이 고였다.

그때 "지잉-"하고 휴대전화가 울렸다. 발신인 이름을 확인해 보니 학교 다닐 적에 알고 지내던 친구였다. 대화를 몇 번 나누며 친해졌지만, 그렇다고 고민이나 힘든 상황을 털어놓을 만큼의 각별한 사이는 아니었다. 백혈병에 걸렸다는 사실을 말할 사이는 더욱이 아니었다. 학교에서 맡고 있던 역할이 있었기에 혹시나 다른 용건이 있는 건가 싶어서 전화를 받았다.

'여보세요?'
"연호야, 이야기 들었어."
'어? 무슨 이야기?'

"많이 아프다며. 몸은 괜찮아?"

머리가 새하얘졌다. 꼭꼭 숨기고 있던 투병 사실을 어떤 경로로 알게 된 걸까. 너무 당황스러웠다. 백혈병을 확진 받고 담임선생님을 비롯해 존경하는 선생님 몇 분과 소수의 친구에게만 소식을 전했다. 그마저도 망설이다 어렵게 알렸다. 가까운 이의 비극을 남들에게 함부로 전할 사람은 아무도 없는데 어찌 된 일일까. 짧은 시간 동안 온갖 생각이 엉켰지만, 마음을 진정시키고 담담하게 대답했다.

'어, 괜찮아. 혹시 나 아프다는 건 어디서 들었어?'
"이과 친구들이 말해주던데."
'나 아픈 거를?'
"응."
'아, 그래 알았어.'
"어, 몸조리 잘하고. 학교에서 보자 연호야."
'그래.'

도망치듯이 전화를 끊고 깊은 한숨을 뱉었다. 조금의

시간이라도 더 나를 아픈 장연호가 아니라 밝고 쾌활하던 장연호로 기억하기를 바랐다. 그러나 이 작은 소원조차 이뤄지지 않았다. 내 아픔이 다른 사람들의 가십거리로 전락한 것 같아 눈앞이 캄캄해졌다. 누구나 힘들고 어려운 시기를 겪는다고 한다. 분명 고난 속에서 남들이 건네주는 위로와 격려는 귀하다. 하지만 고난의 당사자가 위로와 격려의 말조차 기쁘게 받을 수 없는 때가 있다. 그럴 때는 주위의 관심이 오히려 부담으로 다가온다.

기다림이 필요할 때, 당시 상황이 딱 그랬다. 가벼운 감기도 아니고 암이라는데, 쉽게 받아들이기 어려웠다. 엉킨 속을 달랠 때 시간이 필요하듯이 혼란스러운 마음을 다스리는 데에도 시간이 필요하다. 이런 상황도 몰라주고 누가 나의 어려움을 함부로 말하고 다녔을까? 벌써 이과 친구들이 다 알고 있을 정도면 이미 소문이 퍼졌다는 이야기인데, 만약 믿었던 친구가 말하고 다녔다면 쌍욕을 해줄 것이다! 끓어오르는 분노를 간신히 억누르며 민수에게 전화를 걸었다.

'민수야. 방금 A한테 연락이 왔는데, 나 아픈 거를 알고 있더라.'

"그걸 걔가 어떻게 알아?"

'몰라. 이과 친구들이 알려줬다는데 누가 말하고 다니는지 네가 좀 알아봐 줄래?'

"그래, 너무 신경 쓰지 말고 쉬어."

30분 정도 지나서, 다시 민수에게 연락이 왔다.

"어, 연호야."

'응, 알아봤어?'

"5반 애들이 알고 있는 것 같아."

'…… 그래서 걔네들이 어떻게 알았대?'

"반 선생님이 종례 시간에 말했나 봐."

너무 당황하니까 웃음이 나왔다. 전화기 너머로 어떤 친구의 이름이 불릴 줄 알았는데 전혀 예상 밖으로 선생님의 성함이 들린다. 친분이 없는 선생님께서 내 상황을 아신 것도 궁금하지만, 도대체 그 이야기를 반 아이들에게 왜 말씀하신 것인지 의문이 들고 화가 났다. 그러나 아무리 짜증이 난다고 해도, 선생님께 안 좋은 소리를 할 수는 없었다. 억지로 분노를 삼키면서 민수가 전해주는 당시의 상황을 들었다.

　그날의 수업이 모두 끝나고 종례 시간이었다. 기말고사가 끝나고 이제 본격적으로 수능을 준비하는 학생들을 위해 선생님께선 어떤 조언을 건네고 싶으셨나 보다. 건강을 꼭 챙기면서 공부하라는 당부의 말씀으로 "문과 친구 중에 지금 백혈병 걸려서 학교를 못 나오고 있는 친구가 있다. 건강이 그렇게 중요하다. 아무리 공부를 열심히 해도 아프면 끝이니까 다들 몸 관리 잘해라." 하셨다고 한다. 이야기를 들은 친구들의 반응이 예상되었다. 누가 백혈병에 걸렸다는 거지? 궁금해하다 종례를 마치자마자 문과 친구들에게 우르르 달려가서 물어봤을 거다. "문과에 백혈병 걸려서 학교 안 나오는 애가 누구냐"고. 웬만한 문과 친구들은 나를 안다. 갑자기 사라진 나의 행방이 안 그래도 궁금했는데, 결석의 이유가 백혈병이었다는 걸 자연스럽게 알았을 것이다. 모든 것이 머릿속에 그려지면서 힘이 빠졌다.

선생님의 말씀은 날 두 번 죽였다. 아무리 공부를 열심히 해도 아프면 끝이다. 맞다. 난 끝이다. 친구들과 똑같이 살았는데, 졸지에 몸 관리도 제대로 하지 못한 얼간이가 되어버렸다. 평범한 고등학생이 아닌 백혈병 환자라는 사실을 미처 받아들이기도 전에 전혀 뜻하지도 않은 '암밍아웃'을 하게 됐다. 지금 와서 돌이켜보면 차라리 그런 사건이 있었기에 아픈 현실을 빨리 받아들일 수 있었던 것 같지만, 그때는 누구든 붙잡고 막 울고 싶을 정도로 서럽기만 했다.

누구나 힘들 수 있다. 힘든 사람에게 건네는 위로는 아름답다. 하지만 힘들 준비가 되어 있지 않은 사람에게 보내는 관심은 오히려 독이다. 특히 예상치 못한 불행을 맞아 아직 본인이 처한 상황조차 받아들이지 못하는 사람들에게는 혼자만의 시간을 허락해 주어야 한다. 불행을 삶의 일부로 수용하고 타인의 위로를 오롯이 받아들일 수 있을 때까지 기다려주는 것이 존중이며 성숙한 배려가 아닐까.

누구나 겪을 수 있는 사고

"연호야, 많이 힘들지? 몸은 어때?"

'어, 괜찮아. 연락해 줘서 고맙다.'

"진짜 마음이 너무 아프다."

'나도 내가 아픈 게 마음이 너무 아프다.'

"솔직히 다른 애들이면 모르겠는데 네가 아프다니까 내 일처럼 슬프더라. 너 때문에 태어나서 처음으로 기도하고 있어."

'…… 고맙다.'

그동안 나쁘지 않게 살았던 것 같다. 주변 사람들에게 기쁜 일이 있으면 내 일처럼 기뻐했다. 힘든 일이 있으면 곁을 지켜주었고 작은 도움이라도 건네려 했다. 특히 공부에 대한 의지는 있는데, 어떻게 해야 할지를 몰라 헤

매고 있는 친구들의 멘토를 자처하며 밤늦게까지 남아 공부를 도와주었다. 시험 기간에는 교과서를 정리해서 직접 학습 노트를 만들고 반 아이들에게 나누어 주기도 했다. 항상 '나'보다는 '우리'를 더 좋아했다. 진정한 리더라면 나만 생각하는 것이 아니라 그 '우리'에 들어가는 모든 구성원을 섬세하게 챙겨야 한다고 믿었다. 어떤 집단에서든 리더를 맡게 되면 한 사람도 빠뜨리지 않고 챙기려 노력했다.

그래서 공부뿐만 아니라 진로에 대해 고민하는 친구들에게도 상담을 해줬다. 물론 대단한 상담은 아니었지만, 시간을 쪼개어 친구들의 이야기를 듣고 같이 생각해 주며 그들의 꿈을 응원해 줬다. 작은 수고였으나 고맙게도 친구들은 크게 봐주었다. 고생이 많다며 다들 응원을 보내주었고, 어떤 친구들은 "연호야"가 아니라 "실장님"이라고 부르며 부족한 학급 실장을 마음으로 따라주었다. 그런 내가 백혈병에 걸렸다는 소식에 많은 친구들이 진심으로 걱정해 주었다. 오늘은 한 친구가 날 위해 기도하고 있다는 전화를 받았다. 태어나서 기도 한 번 안 해봤을 텐데,

그의 진심이 느껴져 한없이 고마웠다.

　한편으로는 그래서 더 억울한 마음이 들었다. 세상에 나쁜 사람들이 얼마나 많은데, 그런 사람들은 어떻게 다 비켜 가고 열심히 잘살고 있던 내가 이런 병에 걸리다니. 어린 마음에 하나님이 원망스러웠다. 나는 담배를 피우지 않았다. 방사능을 쐬러 후쿠시마나 체르노빌에 다녀오지도 않았다. 최소한 병의 원인이 될 만한 행동은 하지 않았다는 말이다. 눈부시게 발전했다는 현대 의학도, 똑똑한 의사 선생님도 내가 왜 백혈병에 걸렸는지 이유를 모른다. '제가 뭘 그렇게 잘못했습니까?' 비록 감옥에 있지만 반인륜적인 범죄를 저지른 흉악범들도 건강하게 잘 살고 있지 않나. 그런 사람들에게도 허락하신 건강을 왜 나에게는 허락하지 않으신 건지 따져 묻고 싶었다. 그렇게 한참을 혼자 씩씩대다 보면 '그럼 원래 이렇게 죽을 운명이었던 건가?' 절망적인 결론에 이르곤 했다. 어떤 답도 찾을 수 없는 상황에서 우울한 마음과 비관적인 생각만 껴안고 살았다. 어쩌면 그때 나를 잡아먹고 있었던 건 암세포가 아니라 나 자신의 부정적인 생각이 아니었을까.

애꿎은 한숨만 푹푹 내쉬며 지내던 어느 날이었다. 1인실을 사용하다가 입원이 길어지면서 다인실로 옮기게 되었다. 짐을 옮긴 후에 옆 침대를 슬쩍 기웃거려 보니 작디작은 아기가 아빠 품에 안겨서 졸고 있었다. 겨우 돌이나 넘겼을까. 운명은 잔인하다. 이토록 작은 아이에게 무슨 죄가 있을까. 아직 아기의 정확한 병명은 알지 못하지만, 이곳은 소아암 병동. 착잡한 마음뿐이었다.

병실을 밝게 비추던 해가 저물고 어느새 어둠이 짙게 깔렸다. 커튼 너머 옆 침대에서는 아기가 새근새근 잠이 들었다. 겨우 8시나 되었을까. 이른 저녁임에도 불구하고 나와 아버지는 혹여 아기가 잠에서 깰까 봐 목소리를 최대한 낮춰가며 소곤소곤 대화를 나눴다. 그러자 옆자리에 계신 아기의 아버님께서 먼저 아버지에게 말씀을 건네셨다.

"아버님~ 말씀 크게 하셔도 돼요."
"아니요. 아기가 자고 있는데 깨면 안 되죠."
"쉬시는데 저희가 방해해서 죄송해요."
"에이 방해라뇨~ 괜찮습니다~."

무르익는 저녁과 함께 아버지들의 대화에도 깊이가 더해졌다.

"저희 아들은 올해 고3인데 갑자기 백혈병이라네요."

"아이고, 많이 놀라셨겠어요."

"예."

"그래도 아드님 보니까 씩씩해서 잘 이겨낼 것 같아요."

"그래야죠. 따님은 어디가 아파요?"

"저희는 쌍둥이 딸 있는데, 딸들이 태어난 지 돌도 안 돼서 백혈병에 걸렸어요."

"딸들이라니요?"

"아 쌍둥이 둘 다…."

"어휴, 그럼 다른 애도 병원에 있는 거예요?"

"네, 지금은 다른 병동에서 애 엄마가 케어하고 있어요."

"엄마 아빠가 다 아기들 돌보려면 힘드시겠네…."

"네, 직장 다니던 것도 그만두고 애들 보고 있어요. 힘들긴 해도 일단 아이가 먼저니까요."

"그래요. 다 잘될 거예요."

"네~ 힘내야죠! 다 잘될 거니까요."

옆에서 가만히 대화를 듣고 있다가 정신이 아득해졌다. 아직 부모가 되어보지 못해 온전히 이해하기는 어렵겠지만 세상에서 가장 소중한 내 아기들이 태어난 지 돌도 안 되어 아프게 된다면, 그것도 감기 정도가 아니라 백혈병이라면? 상상조차 하고 싶지 않았다. 무슨 소설에서나 일어날 법한 일이 지금 벌어지고 있었다. 아픈 쌍둥이를 돌보시며 아버님은 얼마나 많은 눈물을 흘리셨을까? 온몸이 잠길 만큼, 세상이 떠내려갈 만큼 눈물을 흘리셨겠지. 감히 그가 품고 있을 슬픔의 깊이를 짐작조차 할 수 없었다. 위로의 말씀조차 섣불리 건넬 수 없었다. 가만히 눈을 감고 아기를 위해 기도했다.

온종일 힘든 치료를 견뎌내느라 심신이 피로하고 지쳤음에도 그날은 쉽사리 잠에 들지 못했다. 당장 누군가를 걱정할 입장은 아니었지만, 아기가 그 작은 몸으로 얼마나 힘들까 생각하니 눈물이 고였다. 그리고 문득 깨달았다. 내가 무슨 죄를 저질렀다기보다 그냥 누구나 겪을 수 있는 사고였구나. 사고에 이유를 찾은들 무슨 의미가 있을까? 그저 우울만 더욱 깊어질 뿐이다. 사고가 일어나는 건 어쩔 수 없다. 하지만 그 이후의 삶은 선택의 영역이다. 나에게 왜 이런 일이 일어났는지 따지며 비관에만 잠겨있을 수도 있고, 최악의 상황 속에서도 희망을 잃지 않는 아기의 아버지처럼 새 삶을 꿈꾸며 살아갈 수도 있다.

그날 밤은 선택의 순간이었다. 얼마나 지났을까. 창문 틈새로 새어 나오는 햇빛을 보며 나는 더 이상 투병의 이유를 찾지 않기로 했다. 완치할 수 있다는 희망을 품고 투병 이후의 새 삶을 꿈꿔보기로 했다. 비록 병원에 있더라도 최선을 다해 하루하루 살아가기로 다짐했다.

지옥에서의 감사

사람을 포함해서 거의 모든 동물은 삶의 환경이 변하면 극도로 스트레스를 받는다고 한다. 나 역시 그랬다. 고작 열아홉 나이에 암 진단을 받고, 외부와 철저하게 단절된 소아암 병동에서 외롭게 지내다 보니 하루를 그냥 살아내는 것 자체가 지옥 같았다. 불평으로 아침을 맞이하고, 걱정으로 하루를 보내며, 불안과 함께 잠자리에 드는 나날이 반복되면서 성격도 점점 어두워졌다.

하지만 계속 우울함에 빠져 삶을 낭비하고 싶지는 않았다. 현실이 답답한 것은 맞지만 울면서 화내봤자 달라지는 건 없다. 지난밤 이후로 투병의 이유를 찾지 않고 다시 새로운 삶을 살겠노라 다짐했다. 어린아이들도 씩씩하게 치료받고 있는데, 소아암 병동에서 가장 큰 형님이 눈물만 보이고 있으면 동생들 볼 면목이 없다. 나는 이래서 불행해졌어. 남을 탓하고 이유를 찾자면 끝이 없다. 어쩌면 불행이라는 것도 스스로가 만들어내는 거 아닐까. 어떻게 하면 우울과 절망의 악순환에서 벗어날 수 있을까? 범사에 감사하라고 했다. 쉽진 않겠지만 내면의 화를 가라앉히고 감사할 거리를 찾아보기로 했다.

먼저 부모님이 떠올랐다. "내가 아플 수 있으면 대신 아파주고 싶다." 하시던 얼굴이 떠올랐다. 나도 마찬가지다. 우리 가족들 대신에 아플 수 있어서 차라리 다행이었다. 특히나 부모님이 아프셨다면 지켜보는 게 훨씬 힘들었을 거다. 난 아직 젊다. 부모님 대신 투병을 감당할 수 있어서 감사했다. 하나뿐인 여동생이 떠올랐다. 나이는 어리지만, 여자 아닌가. 나야 머리카락 빠져도 군대 가서 밀어버릴 것 미리 해버렸다고 생각하면 그만이지만 여동생에겐 형언할 수 없이 수치스럽고 고통스러울 거다. 게다가 안 그래도 내성적인 성격인데 투병 생활은 못 견딘다. 씩씩하고 멋진 오빠가 대신 아플 수 있어서 다행이다. 동생이 아프지 않아 감사했다. 병이 더 심해지기 전에 발견

해서 치료받을 수 있는 지금에도 감사했다.

감사를 시작하니 지옥 같은 삶에도 여유가 생겼다. 병원 밥 대신에 맛있는 치킨도 먹고 재밌는 예능을 보며 하루 종일 웃었다. 먼저 병마를 이겨내신 분들이 쓰신 책이나 블로그 글들을 보며 희망을 얻었다. 생각보다 많은 사람이 병과의 싸움을 이겨내고 보란 듯이 멋있게 살고 있었다. 나도 할 수 있겠다는 의지가 솟아올랐다.

의지를 가지고 투병에 임하니 새롭게 보이는 것이 있었다. 의료진에 대한 감사였다. 휴일도 없이 병원에 출근하시며 환자의 상태를 직접 확인하고 항상 최선을 다하시던 천생 의사, 그런 분을 담당 교수님으로 만났다. 그뿐만 아니라 내 손을 잡고 기도해 주셨던 인턴 선생님, 미래에 관한 고민을 들어주시며 아낌없는 조언과 응원을 건네주셨던 전공의 선생님들과 사회복지사님, 아픈 아이들과 눈을 맞춰가며 따뜻한 위로를 건네주시고 헌신적인 간호로 환자의 마음까지 치료해 주셨던 아름다운 간호사 선생님들이 보였다. 이렇게 좋은 분들께 치료받고 있다는 사실 자체가 은혜였다. 옛날 같으면 병상에 누워서 한숨만 내쉬었을 텐데, 이젠 힘차게 병동을 산책하며 만나는 사람들에게 인사를 건네고 안부를 묻는다. 더불어 건강을 회복한 이후의 삶도 꿈꾸기 시작했다. 감사로 얻은 극적인 변화였다. 감사를 통해 다시 일어설 용기를 얻었다.

삶이 지치고 힘들 때, 스스로에게 묻는다. '지금 내 삶에 얼마나 감사하고 있는가?' 감사라고 해서 거창할 필요는 없다. 그저 아침에 상쾌한 공기와 햇살을 맞이할 수 있어서, 점심에는 맛있는 밥을 먹을 수 있어서, 저녁에는 밤공기를 쐬며 잠깐 생각에 잠길 수 있는 여유가 있어서 감사할 수 있다. 삶의 어려움 속에 있더라도, 삶이 지옥과 같더라도 감사할 건 분명히 있었다. 그럼에도 불구하고 감사합니다. 불행의 이유보다 감사의 이유를 먼저 찾기로 했다. 매 순간 행복할 수는 없지만, 모든 것에 감사할 수는 있다.

색다른 장래희망

소설『삼국지』를 보면, 영웅들이 세상에 자신의 뜻을 펼치기 전에 가장 먼저 하는 일이 있다. 바로 친구를 만드는 거다. 유비가 관우와 장비를 만나 도원결의를 맺고 세상에 모습을 드러냈듯이, 병원에서의 삶을 시작하기 전에 좋은 친구를 하나 만들고 싶었다. 마침 혈압을 재러 간호사 선생님 한 분이 들어오신다. 반갑게 인사를 나누고 질문을 드렸다.

'선생님, 혹시 병동에 제 또래 친구는 없나요?'
"응, 몇 명 있지! 왜?"
'친구 사귀면 좋잖아요. 이런저런 이야기도 하고요.'
"음~ 근데…. 연호랑 같은 고3 친구는 없었던 것 같은데?"

'에이~ 대화 통하면 다 친구죠.'

사실 눈에 띄는 친구가 하나 있었다. 큰 덩치에 짙은 눈썹이며 굳게 다문 입술까지, 난세가 오면 분연히 떨치고 일어날 것 같은 인상이 마치 삼국지 속의 장비 같아 보였다. 나보다 나이가 많으면 많았지 절대 적어 보이진 않았다. 든든해 보이는 형과 친해지고 싶었다. 병동 복도를 걷다가 우연히 마주치면 은근히 눈빛을 보냈다. 용기를 내서 먼저 말을 걸어보고 싶었으나 그도 병원에서 힘든 일상을 겨우 살아내는 중일 텐데, 혹여 다른 사람의 관심이 부담으로 다가오진 않을까 싶어 주저하고 있었다.

그러던 어느 날이었다. 병동을 산책하다가 얼마 전에 우연한 기회로 인사를 나누고 친분을 쌓게 된 어머님을 만났다. 어머님은 날 보자마자 기다렸다는 듯이 당신의 고민을 털어놓으셨다. 이제 열다섯 살이 된 아들이 사춘기를 맞아서 그런 건지 어머님과 대화를 아예 하지 않으려는 탓에 답답하다고 하셨다. 사실 아들의 처지도 이해된다. 나 역시 열다섯 살 때는 부모님과 대화하기가 싫었다. 도대체 왜 그랬을까? 지나고 나니 이유도 생각나지 않지만 아마 중2병이었겠지. 그저 묵묵히 고개를 끄덕이며 어머님의 하소연을 듣고 있던 참이었다.

어디선가 "저벅저벅" 무거운 걸음 소리가 들리더니 어머님의 열다섯 살 사춘기 아들이 우리 앞으로 모습을 드러냈다. "엄마~" 하며 다가오는데, 순간 눈을 의심하고야 말았다. 이전부터 친해지고 싶었던 친구였기 때문이다. 어머님 덕분에 서로 인사를 나누고 대화를 시작할 수 있었다. 열다섯 소년의 이름은 주영이었다. 장비를 닮은 외모 때문인지 그와 통성명하자마자 도원결의를 할 줄 알았지만, 어머님의 말씀대로 주영이는 아직 수줍음 많은 평범한 소년이었다. 주영이를 데리고 병동을 휘적휘적 걸으며 서로의 이야기를 했다.

'주영아, 너는 언제부터 병원에 있었어?'
"작년 여름인가?"
'헐, 어디가 아파서?'
"난 림프구성 백혈병이야. 작년에 항암은 다 끝냈는

데 재발해서 이식받아야 한대.”

'아이고, 이런 질문 해서 미안하다.'

“괜찮아. 지금은 그냥 아무렇지도 않아.”

'재발했을 때 아주 힘들었지?'

“힘든 건 모르겠는데 짜증은 났어. 먹지 말라는 음식 안 먹고 하라는 대로 다 했는데, 왜 그러지 싶었거든.”

'음, 지금은 항암하고 있어?'

“아니, 항암은 다 끝냈고 3주 정도 후에 골수검사 한대.”

'엇, 나도 그때 검사하는데⋯. 우리 통했네?'

병동 한구석에 있는 벤치에 앉아 계속 대화를 나눴다. 비슷한 병을 투병하고 있는 친구라 그런지 관심이 갔다. 더욱 친해지고 싶은 마음에 이것저것 질문하며 말을 이어 나갔다.

'주영아. 너는 아프기 전에 뭐 하면서 지냈냐?'

“난 운동.”

'오~ 무슨 운동?'

“나는 학교에서 줄넘기 선수였어.”

'이야~ 멋있네. 이단 뛰기도 할 수 있어?'

"그건 기본이지."

그러다 문득, 주영이의 꿈이 궁금해져 물어보기로 했다.

'주영아 넌 꿈이 뭐야?'

"꿈?"

내 질문이 꽤 뜻밖이었을까. 주영이는 잠깐 고민하다가 살짝 미소를 지으며 대답했다.

"나는 건강한 사람이 꿈이야."

'어? 그게 꿈이야?'

"응."

'뭐, 운동선수가 되겠다 그런 거 말고?'

"그런 건 잘 모르겠고 건강한 사람으로 살고 싶어. 무조건 완치해서 건강한 사람이 되는 게 꿈이야."

주영이의 꿈을 듣자마자 많은 생각이 들었다. 꿈이 없다는 사람은 많이 봤어도 건강한 사람이 꿈이라는 말은 처음 들어봤으니까. 주영이의 꿈이 '건강한 사람'이 되기까지 얼마나 많은 고통과 좌절이 있었을까. 대부분 사람에게 당연한 일상이 주영이에겐 간절히 가지고 싶은 꿈이었다. 아프기 전의 내 모습이 문득 떠올랐다. 이미 차고 넘치는 은혜를 받아놓고 일이 조금만 풀리지 않으면, 과도하게 자책하거나 누군가를 원망하며 삶을 비관했다. 관점을 조금만 바꾸면 가지지 못한 것보다 이미 가지고 사는 게 훨씬 많았는데도 무엇이 부족해서 그렇게 쫓기듯 살았을까?

왜 그렇게 살았을까? 바로 그 '무엇'에 대한 집착 때문이었다. 당장 눈앞에 놓인 무언가를 이루려고 그것만 바라보며 살다 보니 놓치는 것들이 너무나 많았다. 돌이켜보면 내 꿈은 항상 '무엇'이었다. 삶에서 꿈은 더없이 중요하지만, 나의 꿈은 그저 목표였다. 높은 성적을 받거나 좋은 대학에 들어가는 목표만 생각했기에 시야가 좁아졌고 마음이 가난해졌다. 선은 수많은 점으로 이루어져 있다. 삶이 하나의 선이라면, 높은 성적과 대학 따위는 그냥 하나의 점일 뿐이다. 아름다운 선을 그려야 하는데 계속 한 점에만 머물러 있었던 거다.

삶을 그릴 때도 순서가 있어야 한다. '무엇'을 고민하기 전에 '어떤' 사람으로 살지 스스로 질문해야 한다. 만약 요리에 뜻이 있다면, 단순히 요리사가 되는 목표만 생각하기 전에 이유를 고민해야 한다. 자신이 왜 요리사가 되고 싶은지 생각해야 한다. '다른 사람에게 내 요리로 행복을 전하고 싶다.'라는 이유가 있을 때, 요리의 맛은 깊어지고 발전의 속도도 더욱 빠를 것이다. 꿈은 집착의 대상이 아니라 삶을 풍요롭게 하는 선물이어야 한다. 어떻게 살 것인지 삶의 중심을 먼저 잡아야 한다. '건강한 사람'을 꿈꾸는 주영이 덕분에 처음으로 '무엇'이 아닌 '어떻게' 살아야 할지에 대한 고민을 시작하게 되었다.

학교 가는 꿈을 꾸다니

귀청이 찢어질 듯한 알람 소리가 벌써 아침이 밝았음을 알린다. 덕분에 단잠을 망쳐버렸다. 수험 생활에 지친 몸을 겨우 일으키며 깊은 한숨을 내쉬었다. 반쯤 감긴 눈으로 교복을 입고, 학교에 갈 준비를 하면서 속으로 간절히 외쳤다. '정은아! 미사일을 쏘려거든 우리 학교에다 좀 쏴줘라!' 그러나 다행히도 북한에는 쿠팡이 없었기에 로켓 배송은 오지 않았다. '하, 오늘 진짜 학교 가기 싫다.' 초딩 시절에도 비슷했다. 수업이 시작되면 바로 멍을 때리며 학교 끝나면 뭐 하고 놀까 고민했다. 방학까지 며칠이 남았나 손가락을 열심히 접었다 펴면서 날짜를 계산하기도 했다. 어릴 때부터 학교라는 공간을 지루하고 재미없는 곳이라 생각했다. 공부를 시작하면서 생각은 더욱 확고해졌다.

중간고사가 끝나고 나면 모의고사를 보고, 모의고사를 보고 나면 또 기말고사를 본다. 쳇바퀴에 갇힌 햄스터처럼 시험의 연속이었다. 일 년 365일 문제집에 머리를 박고 있다 가끔 창밖을 바라보면 날씨는 어찌나 화창한지. 이렇게 좋은 날에 나는 여기서 무얼 하는 건가. 당장 뛰쳐나가고 싶은 마음을 애써 누르고 다시 문제를 풀었다. 충동을 이겨내지 못한 친구들도 있었다. 그들은 무단결석을 감수하고 학교 대신 피시방으로 갔다. 속세에서 벗어나 풍류를 즐기며 자연을 찬양했던 옛 시대의 선비들처럼, 그 친구들은 학교에서 벗어나 게임을 즐기며 자유를 찬양할 것이다. 다른 친구들은 자유를 만끽하는 친구들을 가리켜 '부모님 등골 브레이커'라 부르며 조롱했다. 나도 부모님 통곡하는 소리가 여기까지 들린다면서 놀린 적이 있었다. 그러면서도 한편으로는 브레이커들이 부러웠다. 그들의 삶에는 최소한 재미는 있어 보였다. 그들에 비하면 나의 일상은 너무나 단조로웠다. 매일 똑같은 날들의 반복. 똑같은 자리에 앉아 똑같은 수업을 듣고 똑같은 시간에 밥을 먹는다. 무엇이 됐든지 나름대로 열심히 한다고 하는데, 당장 성과가 나오지 않으니 지치고 힘들었다. 지루한 일상이 반복되는 곳, 학교가 너무 싫었다.

수능을 보고 나면 친구들과 같이 어디 공기 좋은 시골에 놀러 갈 생각이었다. 새벽마다 시끄럽게 울리던 알람 소리 대신에 새들의 노랫소리로 일어나고, 졸졸 흐르는 시냇물 소리를 들으면서 여유로운 하루를 보내는 거다. 학교가 아닌 곳에서 지낼 상상만 해도 즐거워졌다. 학교에서 벗어나는 상상을 매일 해서 그런가. 수능을 보기도 전에 소원이 이뤄졌다. 벗어나긴 했는데. 음, 어째 더 심란한 곳에 와버렸다. 주삿바늘을 보고 병동이 떠나가라 우는 아이들의 비명과 하루에도 몇 번씩 삑삑거리는 알람이 울려대는 곳. 이곳은 소아암 병동이다.

이런 날이 올 줄은 정말 몰랐지만, 학교에 가고 싶었다. 종일 공부만 해도 좋으니 기숙사 친구들과 잠이 덜 깬 채로 아침밥을 먹고, 수업을 마치고 쉬는 시간에는 우리 반 친구들과 이런저런 이야기를 주고받으며 하하 호호 떠들고 싶었다. 점심시간이 되면 학교 정원을 천천히 산책하고, 저녁이 되면 석양에 물든 학교의 풍경을 감상하며 잠깐 감성에도 젖고, 기숙사로 돌아가 사감 선생님 몰래 컵라면을 끓여 먹고 싶었다.

　　학교에서의 일상을 그리워하고 있을 때였다. 같은 반 친구 성민이의 연락을 받았다. 언제나 그랬듯이 그는 친근하게 안부를 묻고 학교의 소식을 전해주었다.

　　"오늘 여름방학 했는데 네가 보고 싶어서 연락해 봤어. 선생님도 너 많이 보고 싶어 하시더라."

　　'고맙다. 제자도 많이 뵙고 싶어 한다고 전해드려.'

　　"그럴게. 오늘도 잘 자라 연호야. 기도할게!"

　　'그래. 너도 잘 자라.'

　　성민이가 전해준 방학 소식 때문일까. 그날 밤에는 자꾸 학교 생각이 났다. 백혈병에 걸려 힘없이 창밖만 바라보는 환자 장연호가 아닌 평범한 고등학생 장연호는 마지막 여름방학을 어떻게 보내고 있을까. 괜히 우울해지기만 하는 것 같아 그냥 자버리기로 했다.

　　"뭐야, 지금 자려고?"

'네.'

"일찍 자네."

'원래 미남은 일찍 자는 법이에요.'

"그럼 너는 새벽에 자야겠는데."

'안 웃겨요. 안녕히 주무세요.'

아버지께 인사를 드리고도 한참을 뒤척이다 잠이 들었다. 얼마나 잤을까. 눈을 떠보니 익숙한 건물이 보였다. 학교였다. 그토록 가고 싶었던 우리 학교였다! 몸에는 교복이 걸쳐져 있고, 머리를 더듬어 보니 항암치료로 인해 다 빠져버린 머리카락도 모두 온전하게 붙어 있었다. 너무 기뻐서 가슴이 터질 것만 같았다. 기숙사 친구들과 함께 아침밥을 먹고 교실로 돌아와 우리 반 친구들과 실컷 대화를 나눴다. 여유를 즐기며 학교 정원을 거니는데 뭔가 이상했다. 잔디밭 위에 뜬금없이 커다란 거울이 놓여 있었다. 뭔가에 홀린 듯이 거울 앞으로 다가갔다.

거울 속에는 아프기 전의 내가 있었다. 교복을 단정하게 차려입고 까만 머리카락을 정갈하게 다듬은 내 모습을 물끄러미 바라보고 있는데 어디선가 "삑- 삑-" 기계음이 들렸다. 이제는 너무나 익숙해져 버린 소리. 하루에도 몇 번씩 울리는 지긋지긋한 의료기기 소리였다. 그제야 내가 꿈속에 있음을 깨달았다. 놀라서 다시 거울을 보니 초라할 정도로 약해진 내 모습이 비친다.

외마디 탄성을 내며 벌떡 일어났다. 옆에서는 의료기기가 무슨 불만인 건지 여전히 삑삑거리며 화를 내고 있었다. 정말이지 그 기계를 부숴버리고 싶은 심정이었다. 딱 한 번만 꿈속으로 돌아가고 싶었다. 두 눈을 꼭 감고 누워봤지만, 애꿎은 눈물만 흘렀다.

일상에 익숙해져서 소중함을 잊고 살았다. 돌이켜보면 일상에서 마주하는 모든 것들이 아름다웠는데, 하루를 무사히 살아내는 것 자체가 기적이었는데, 매일 새로웠는데, 왜 그동안 죽지 못해 사는 것처럼 살았을까? 조금이라도 여유를 가지고 삶을 대했더라면 얼마나 좋았을까. 여름 날씨가 덥다고 불평만 하는 대신 학교 화단에 핀 자그마한 꽃을 바라볼 수 있었다면 어땠을까. 시험이 얼마 남지 않았다고 짜증을 내는 대신 잠깐 밖에 나와서 시원한 바람을 느낄 수 있었다면 어땠을까. 바쁘다는 핑계만 대지 말고 내게 주어진 소중한 일상을 마음껏 누릴 수 있었다면 어땠을까. 잃고 난 후에 소중함을 깨달아도 소용없는 일인데.

가족이잖아

뼈 안에는 골수라는 조직이 있다. 골수는 쉽게 말해서 우리 몸의 혈액 공장이다. 백혈구, 적혈구, 혈소판과 같이 우리가 살아가는 데 있어서 꼭 필요한 혈구들을 생산해서 혈액 속에 흘려보낸다. 하지만 혈액 공장이 제대로 된 혈구들을 생산하지 않고, 이상한 불량품들만 만들 때가 있다. 이런 경우를 우리는 백혈병이라고 부른다. 백혈병은 진행 속도에 따라 급성 또는 만성으로 구분되고, 급성 백혈병은 크게 골수성백혈병, 림프구성백혈병으로 나뉜다. 나는 급성골수성백혈병(AML)으로 조혈모세포 이식을 반드시 해야 하는 유형이었다. 조혈모세포 이식이 뭐냐고? 예전에는 골수이식으로도 불렸다는데 일을 하지 않는 기존의 혈액 공장을 독한 항암제로 모조리 부숴버린 다음, 유전자가 맞는 기증자의 조혈모세포를 이식해서 몸속에 새로운 공장을 짓는 작업이다. 백혈병 치료에서는 마지막 단계에 해당되는 치료다.

유전자 일치 여부를 확인하기 위해 가족들이 병원에 모였다. 조혈모세포 이식을 위해 확인하는 유전자는 조직 적합 항원(HLA)이라고 해서 특정 유전자 8개를 본다. 수혜자와 기증자 간의 유전자가 8개 모두 맞으면 100% 전일치라고 하는데, 이는 환자에게 더할 나위 없이 좋은 이식 환경이다. 물론 유전자가 다 맞지 않는다고 해도 치료는 가능하다. 최근에는 의료 기술이 발달해서 유전자가 4개만 맞아도 반(半)일치 이식을 통해 환자를 치료할 수 있다. 난 아버지와 어머니께 각각 유전자 4개를 받아서 8개를 이루었으니 일단 아버지와 어머니께는 반일치 이식을 받을 수 있었다. 관건은 여동생이었다.

가족들이 유전자 검사를 받고 한 달 정도 지났을 무렵, 드디어 검사 결과가 나왔다. 여동생과는 100% 일치였다. 기적과도 같은 일이었다. 일치율이 높을수록 치료 성적도 좋고 환자가 받는 부담도 적어진다면서 부모님과 의료진분들은 기뻐했지만 정작 나는 웃을 수 없었다.

조혈모세포 이식은 '이식'하면 떠오르는 장기 이식과 다른 모습으로 이루어진다. 장기 이식이 주로 수술을 통해 기증자의 몸에서 무언가를 꺼내오는 것이라면, 조혈모세포 이식은 기증자가 헌혈하듯이 피를 뽑고 그 피에서 혈구를 만드는 조혈모세포만 따로 채취한 후에 남은 혈액을 다시 그의 몸으로 넣어준다. 한 사람이 여러 사람에게 조혈모세포를 기증해 주었던 전례가 있을 정도로 이식한다고 해서 기증자의 건강이 나빠지는 건 아니다.

그렇지만 동생에게 큰 짐을 떠넘긴 것 같은 미안함은 어쩔 수 없었다. 힘들어도 혼자 힘들고 싶은데, 마음과는 달리 가족들에게도 짐을 들게 한다. 당신 삶을 포기하시고 아들 간호에 매달리는 아버지께도, 남겨진 가족을 보살피며 힘들게 일하시는 어머니께도 죄송했다. 힘이 되었으면 좋겠다며 하루에 하나씩 성경 구절을 보내주는 동생에게도 미안했다. 곁에서 물심양면 지원해 주시는 집안 어른들께도 죄송스럽기만 했다.

병이 주는 고통은 홀로 감당하면 될 일이다. 문제 될 것이 없었다. 하지만 사랑하는 가족들에게 나로 인한 고통을 주어야 한다는 현실이 원망스러웠다. 견딜 수 없이 미안하고 슬펐다. 투병은 외로운 싸움이라고들 하지만 결코 혼자만 싸울 수가 없는 싸움이다. 함께 짐을 나눠 든 가족들을 생각하니 눈물이 고였다. 눈물을 훔치고 있는데 동생 민지에게 문자가 왔다.

"몸은 괜찮아?"

'어, 괜찮아.'

"다행이네."

'응. 얘긴 들었어?'

"무슨 이야기?"

'너랑 나랑 유전자 다 맞는다고 하던데.'

"어, 들었지."

'미안해서 어떡하냐.'

"뭐가 미안해? 나는 진짜 다행이라고 생각하는데, 그런 걸로 미안해하지 마."

'아니 그래도……'

"우리 가족이잖아."

가족이잖아. 그 한마디가 가슴을 울린다. 순간 울컥하는 마음에 바로 답장하지 못했다. 당연하지 않은 고생인데도 동생의 한마디가 모든 것을 설명해 주는 듯했다. 서로의 입장이 바뀌었다면 나 역시 그랬을 거다. 만약 내가 가족을 살릴 수만 있다면, 기말고사 날이든 수능 날이든 가리지 않고 병원에 와서 팔을 걷을 것이다. 도대체 가족이란 무엇일까? 말도 안 되는 사랑을 대가 없이 줘버리는 미련한 사람들이다. 남에게는 절대 하지 못할 짜증과 투정도 아무렇지 않게 부릴 수 있는 만만한 사람들이다. 세상 사람들이 모두 나를 미워한다고 해도 끝까지 곁을 지켜줄 둔한 사람들이다. 이렇게나 무딘 사람들인데 왜 그들을 떠올리면 눈물부터 나는 걸까.

이제는 이유를 알 것 같기도 하다. 가족은 힘든 순간에도 살아갈 용기를 건네주는 사람들이기 때문이다. 가족은 세상에 어떤 값진 보석과 재물보다도 귀한 사람들이기 때문이다. 너무나 익숙해서 가끔은 소중한 줄 모르고 지낼 수 있어도 결국엔 내 삶에서 가장 필요한 공기 같은 존재이기 때문이다. 전라도 방언 중에는 '아심찬하다'라는 말이 있다. '미안할 정도로 고맙다'라는 뜻인데, 가족이 서로에게 그런 존재 아닐까?

Part 3.
백혈병이 알려준 것

새로운 꿈이 생기다

상당수의 K-수험생들에게는 심각한 모순점이 하나 있다. 미래를 위해 열심히 공부하는데, 그래서 어떤 미래를 꿈꾸고 있냐 물으면 대답하지 못한다. 한참을 고민하다 기껏 내놓는 답이 "돈 많이 벌어서 성공해야죠." 혹은 "좋은 대학교에 가는 거요." 정도다. 물론 틀렸다고 할 수는 없지만 너무 막연하지 않은가. 자신이 무엇을 하고 싶은지, 어떻게 살고 싶은지 구체적인 방향에 대한 고민이 부족해 보인다. 사실 나도 그랬다. 수험생 때를 돌이켜 보면 열심히 살긴 했는데, 어디로 가야 할지는 몰랐다. 누군가 그때의 나에게 꿈을 묻는다면 일단 대학부터 간 다음에 생각할 문제라며 시큰둥하게 반응했겠지. 당장 시험 준비를 해야 하는데 꿈 따위를 생각할 여유가 없었다.

평범한 고등학생에서 백혈병 환자로 인생의 배역이 바뀌었다. 달라진 상황에 절망했다. 좋은 대학교에 가는 것이 유일한 목표였는데 기말고사도 치르지 못했고, 앞으로 있을 수능도 응시하지 못할 것 같다. 수시든 정시든 어느 것 하나 제대로 매듭짓지 못한 채 병원에만 있는 현실이 답답했다. 건강을 회복한 이후에 어떻게 살아야 할지도 암담했다. 남들보다 윤택한 삶을 살기 위해선 그만큼 더 열심히 노력해야 하는데, 당분간 공부고 뭐고 절대 무리하지 말라는 교수님의 말씀이 생각나서 한숨이 나왔다. 아니, 그러고 보니까 지금 공부나 대학 따위는 문제가 아니다. 나 암환자다. 당장 죽느냐 사느냐가 문제였다.

이런 생각을 하고 있으면 가슴이 꽉 막히는 듯했다. 그저 지금을 버텨내는 것도 버거운데 어떻게 미래를 꿈꿀 수 있을까? 꿈을 꾸는 것조차 사치로 느껴졌다. 착잡한 심정으로 꾸역꾸역 살아내던 어느 날이었다. 병실을 같이 쓰는 룸메이트가 바뀌는 것인지 옆자리가 분주했다. 마침 병실로 들어오신 의료진분을 붙잡고 질문을 건넸다.

'선생님, 이번에 새로 들어오는 친구는 몇 살이에요?'

"음, 아마 열네 살 정도 되겠다. 왜?"

'아~ 그냥 궁금해서요.'

"그래, 푹 쉬어! 연호야~"

나이는 왜 물어보냐고? 사실 지금까지 아주 어린 아기들과 병실을 같이 썼다. 걸음마도 못 뗀 아기들 말이다. 의사의 역할이 환자를 치료하는 것이고, 교사의 역할이 학생들을 교육하는 것이라면, 아기의 역할은 우는 것이다. 배고프면 울고, 아프면 울고, 똥이 마려우면 울어야 한다. 아기가 맡은 바 역할을 다하고 있음은 이해하지만, 하루 종일 같은 공간에서 생활하는 일은 쉽지 않았다. 밤낮으로 울음을 터뜨려 제대로 잠을 잘 수 없었다. 반대로 아기가 잠들어 있으면 혹시나 깨게 할까 봐 조심스러웠다. 그래서 이번에 온다는 룸메이트에게 거는 기대가 컸다.

"으으응~"

"물 줄까? 아니면 음료수?"

"으응."

"빨대만 찾고 줄게. 조금만 기다려봐……."

"으어어!!!"

"왜 그래? 화장실 가고 싶어?"

"으응.~"

"그래, 오른쪽으로 조금만 돌아 누워봐."

　새로운 룸메이트는 조금 특이했다. 열네 살이라고 들었는데, 병실을 같이 쓰면서 그가 또박또박 말하는 걸 한 번도 들어보지 못했다. 커튼 너머 옆자리에서 들리는 룸메이트의 모든 말은 아기들이 하는 옹알이처럼 들렸다. 사춘기 특유의 짜증을 섞은 옹알이랄까? 감정도 전염이 된다. 같이 생활하는 친구가 하루 종일 짜증만 내는 것 같아서 기분이 썩 좋지 않았다. 열네 살이면 부모님 고생하시는 것 정도는 알 나이 아닌가? 목이 마르면 물병의 뚜껑을 열어서 마시면 되고, 화장실을 가고 싶으면 본인이 직접 처리하면 된다. 나이도 먹을 만큼 먹었으면서 보호자로 계신 어머님께 지나치게 의존하고 있는 건 아닌가? 물론 내가 참견할 문제는 아니었지만, 자꾸 신경이 쓰이는 건 어쩔 수 없었다.

"크하하하하~!!!"

병실에 울려 퍼지는 게임 방송 소리에 낮잠을 깨버렸
다. 옆자리에서 나는 소리다. 어떤 막돼먹은 인터넷 방송
BJ가 한껏 흥분한 목소리로 게임을 하다 자기 분에 못 이
겨 쌍욕을 한다. 나도 욕 잘하는데, 순간 끓어오르는 화를
참느라 혼이 났다. 당연히 게임 방송을 봐도 된다. 병원에
만 있으면 심심하지 않나. 충분히 이해할 수 있다. 그런데
상식적으로 병실에 다른 사람이 있으면 이어폰을 꽂고 보
는 것이 예의 아닌가? 혼자 씩씩대며 귀를 막고 다시 잠을
청했다.

불편한 동거를 이어가던 어느 날이었다. 치킨이 생각
나는 저녁이었다. 앎과 행동은 하나가 되어야 한다. 바로
치킨을 주문했다. 얼마 지나지 않아서 고운 빛깔의 치킨
이 도착했다. 세렝게티 초원의 한 마리 맹수가 되어 닭을
뜯기 전에 해야 할 일이 있다. 미우나 고우나 병실을 같이
쓰는 룸메이트 아닌가. 종이컵에 치킨을 담을 수 있을 만
큼 담아서 옆자리에 드리기로 했다. 아버지께서 심부름을
해주셨다.

"어머님~ 치킨 한번 드셔 보세요."

"아, 감사해요. 근데 저희 아들은 이거 못 먹어서. 마음만 받을게요."

"아드님이 치킨 별로 안 좋아하나 봐요."

"아니요, 그건 아닌데 입 안이 다 헐어서 뭘 먹지를 못해요."

"아이고, 다른 건 먹을 수 있는 게 있나요?"

"물이랑 음료수는 조금 먹어요."

아버지와 룸메이트 어머님 간의 대화는 그렇게 시작되었다. 룸메이트의 이름은 혁이라고 했다. 2년 전, 축구 게임을 좋아하던 평범한 열두 살 초등학생 혁이는 급성 백혈병 진단을 받았다. 진단 이후에 여러 번 항암치료를 받았으나 병이 재발하여 벌써 2년 넘게 투병을 이어오고 있다. 혁이는 그동안 누적된 항암치료의 부작용으로 인해 몸이 많이 망가져 있었다. 독한 약이 몸속에 쌓여서 혁이는 혼자 힘으로 몸을 일으킬 수 없었다. 그래서 화장실에도 가지 못한 것이었다. 말을 옹알이처럼 했던 것은 유난히 짜증이 많아서가 아니라 입부터 항문까지의 점막이 모두 헐어 말조차 할 수 없었기 때문이다.

옆에서 가만히 듣고 있다가 경악했다. 잘 알지도 못하고 혁이를 대역죄인처럼 생각했던 내가 부끄러웠다. 가끔 옆자리에서 들려오던 혁이의 한숨이 그제야 떠올랐다. 마른세수를 거칠게 했다. 바보같이 보이는 것만 믿고 사람을 판단했다. 어린 나이에 혁이가 얼마나 힘들었을까 생각하니 가슴이 저렸다. 얼핏 들으니 혁이는 이온 음료를 즐겨 마신다고 했다. 다음에 꼭 한 잔 건네주며 같이 있는 동안 잘 대해주리라 다짐했다.

다음 날 아침이었다. 아침밥을 느긋하게 먹고 교수님의 오전 회진을 기다리고 있었다. 그런데 옆자리가 갑자기 분주해졌다. 아무래도 혁이의 상태가 좋지 못하다 보니 더 관찰이 필요해서 다른 병실로 옮겨야 하는 듯 보였다. 어젯밤에 아버지를 통해 공수해 온 음료수를 아직 건네주지도 못했는데, 좀 더 잘해주고 싶었는데 갑작스러운 이별을 맞게 되니 당황스러웠다. 바쁘게 짐을 옮기시는 어머님의 뒷모습과 해가 중천에 떴는데도 일어나지 않는 혁이의 모습을 멀찍이 떨어져 바라보았다. 손에 들린 음료수를 괜히 만지작거리며 언제쯤 이것을 전할 수 있을까 생각했다.

혁이가 병실을 옮기고 난 이후였다. 왠지 마음이 울적해서 병동 복도를 걷고 있는데, 어디선가 "삐- 삐- 삐-" 하고 심상치 않은 기계음이 들렸다. 무슨 소리인가 싶어 궁금하던 찰나에 "도와주세요!" 누군가 울부짖는 소리가 들렸다. 잠깐의 소름 끼치는 정적이 있었다. 이윽고 조금 전까지 각자 다른 업무를 하고 있던 의료진분들이 한 병실로 뛰어가기 시작했다. 순식간에 벌어진 위급 상황에 굳어버렸다. 의료진의 뒷모습을 넋이 나간 채 지켜보다가 숨이 멎을 뻔했다.

그들의 발걸음이 멈춘 곳이 바로 혁이의 병실이었기 때문이다. 조금 열려 있던 문 사이로 혁이의 가쁜 숨소리와 과묵하던 어머님의 절규에 가까운 울음소리, 그리고 많은 사람의 말소리가 뒤엉켜서 들려왔다. 도망치듯이 그 자리를 떠나 밤을 보내고, 날이 밝자마자 다시 찾은 혁이의 병실엔 주인 없는 침대만 덩그러니 놓여 있었다. 걱정되는 마음에 의료진분들을 붙잡고 상황을 여쭤보니 혁이가 중환자실로 내려갔다는 말 이외에는 들을 수 없었다. 한 젊은 의사의 어색한 미소를 보고 혁이가 어려운 고비를 넘기고 있다는 사실을 직감적으로 알 수 있었다. 마음이 한없이 무거웠다. 혁이에게 이온 음료를 건넬 수 있는 날이 오기를 간절히 바라고 기도했다.

그로부터 약 한 달이 지났을 무렵이었다. 눈부시게 맑은 8월의 여름날, 소아암 병동까지 고개를 내밀어주는 따뜻한 햇빛과 함께 병동 복도를 산책하고 있었다. 그러다 반가운 이름을 발견했다. 혁이의 이름이었다. 중환자실로 내려갔던 혁이가 좋아져서 다시 병동으로 올라온 것이다. 이름표를 물끄러미 바라보고 있는데 괜히 가슴이 벅차 울컥했다. '잘 이겨내 줘서 고맙다. 아, 여기서 눈물짓고 있을 때가 아니지.' 곧바로 병실로 돌아와 아버지를 찾았다.

'그 음료수 어딨어요?'
"무슨 음료수?"

‘혁이 준다고 했던 음료수 있잖아요.’

"냉장고에 있겠지. 잘 찾아봐."

병실 구석에 있는 냉장고로 달려가 혁이를 주려고 챙겨놓은 음료수를 찾았다. 이 음료수가 뭐라고 이렇게 반가운지 모르겠다. 얼른 품속에 넣고 혁이의 병실로 향했다. 병실 앞에서 목소리를 가다듬고 몇 번 노크를 한 뒤에 그의 어머님을 불렀다.

‘어머님, 계시나요?’

"네?"

‘안녕하세요! 잠깐만 뵐 수 있을까요?’

"저를요? 왜요?"

한 달 정도 만에 만난 어머님의 눈빛에선 당황의 기색을 넘어 어떤 경계심까지 보였다.

‘예전에 혁이랑 병실 같이 썼던 장연호라고 하는데요. 혁이가 중환자실로 갔다는 이야기 듣고 기도 많이 했어요.’

"아, 네······."

'저, 이거는 혁이가 예전에 마셨던 것 같은데 전부터 꼭 드리고 싶었어요. 혁이한테 전해주세요!'

"……"

어머님은 이온 음료 한 캔을 말없이 받으시곤 물끄러미 그것을 바라보셨다. 한참을 그렇게 계시더니 "감사합니다……" 답하시며 나와 눈을 맞추시는데 어머님의 눈시울이 붉게 젖어있었다. 말문이 막혀 꾸벅 인사를 드리고 자리를 벗어났다. 돌아서는 순간 눈물이 터져 나왔다. 그때 왜 눈물이 나왔는지 아직도 모르겠다. 슬퍼서 울었다든지, 화나서 울었다든지 그동안 흘린 눈물에는 다 이유가 있었는데 당시에 흘린 눈물에는 명확한 이유가 없었다. 굳이 이유를 찾아보자면 뭘까. 가슴 깊은 곳에서 딱히 무어라고 표현할 수 없는 뜨거움이 느껴졌다. 그 뜨거움은 열아홉 짧은 인생을 살며 느낀 희로애락의 감정을 아득히 뛰어넘어 마주한 새로운 것이었고, 혁이를 위해 눈물로 기도하게 하는 여운으로 남았다.

혁이는 십사 년 동안의 짧은 여행을 마치고 하늘의

별이 되었다. 후일 전해 듣기론 혁이가 중환자실에서 병동으로 올라온 것은 더 이상 의미 없는 연명의료를 중단하고 가족들과 마지막을 함께하기 위함이었다고 한다. 벤치에 우두커니 홀로 앉아 창밖을 바라보았다. 석양이 지고 있었다. 그 모습을 물끄러미 지켜보며 복잡한 감정이 들었다. 저 석양이 지듯이 우리 모두의 삶에도 언젠가 끝이 있을 텐데, 혁이의 하루는 너무나 빠르게 끝나버렸다. 허망한 마음이 들었다. 곧이어 소중한 생명 하나가 사그라졌다는 사실에서 오는 슬픔, 남겨진 이들에 대한 연민, 비슷한 상황 속에 있는 나도 어쩌면 목숨을 잃을 수도 있겠다는 두려움이 얽히고설켜 서러운 감정으로 터져 나왔다.

"너 그동안 영원히 살 것처럼 생각하고 살아왔었지?"란 질문에 도저히 아니라는 대답을 할 수가 없었다. 인간은 누구나 죽는다. 고로 나도 언젠가 죽는다. 그 당연한 사실을 모르고 사는 사람은 아마 없을 것이다. 그러나 아이러니하게도 죽음을 인정하며 사는 사람은 드물다. "나에게는 아직 먼일이지." 라면서 대부분의 사람이 죽음을 외

면하고 있다. 하지만 아무리 부정해도 죽음이라는 존재는 언제나 우리와 함께 걷고 있다.

혁이를 만나기 전까지 삶의 성공은 부를 축적하는 것과 남들이 우러러볼 만한 사회적 지위를 얻는 것이라고 생각했다. 솔직히 삶의 목적이 소유에 있었다. 막연히 남들보다 많이 가지고 사는 것을 삶의 목표로 삼았다. 그러나 죽음 앞에서 돈도 명예도, 심지어 우리의 육신도 모두 잃어버릴 것인데 영원히 가지지도 못할 것을 억지로 붙잡으려고만 하는 삶이 과연 성공일까? 세상이 말하는 성공론에 처음으로 의문이 들기 시작했다.

동네 마트에서 천 원이면 살 수 있는, 작고 하찮은 이온 음료 한 캔이었지만 사랑이 있었기에 가슴 벅찬 감동이 있었다. 어둡고 각박한 세상이지만 배고픈 이들에게 빵 한 조각 떼어줄 줄 알고, 비 맞고 있는 사람에게 우산 씌워줄 줄 아는 의인들 덕분에 아직 세상은 살 만하다. 우리가 한 번도 직접 보지 못한 예수님을 기억하고 지금까지 존경할 수 있는 이유는 그분이 삶으로 보여준 위대한 사랑 때문일 것이다. 죽음을 초월하는 위대한 가치이자 삶을 진정으로 풍요롭게 만드는 것은 사랑 아닐까? 혁이가 죽음으로써 알려준 마지막 교훈 덕분에 비로소 꿈이 생겼다.

사랑하는 사람으로 살고 싶다. 힘든 이웃들의 눈물을 닦아줄 수 있는 그런 사람, 어려운 처지에 있는 이웃들의 어깨를 토닥여줄 수 있는 그런 사람이 되고 싶다. 나만 잘 먹고 잘사는 세상이 아니라 다 같이 잘 사는 세상을 꿈꾸며 하루를 살아도 사랑하면서 살고 싶다. 나의 삶이 사랑이었으면 좋겠다. 이제 세상 사람들의 눈에 얼마나 그럴듯해 보이는지는 중요하지 않다. 삶의 성공은 얼마나 사랑하면서 살았는지에 달려있다. 사랑으로 가득 채운, 밀도 있는 삶을 네 몫까지 더해 살겠다고 혁이가 떠난 병실 앞에서 다짐했다.

마음껏 울고 다시 일어나기

어느 더운 여름날이었다. 평소처럼 병동을 산책하고 있는데 나른한 느낌이 들더니 갑자기 몸에서 힘이 쭉 빠졌다. 왠지 모르게 불길한 예감이 들어 얼른 침대로 돌아와 이불을 뒤집어썼다. 아니나 다를까 몸이 점점 달아오르더니 기어이 열이 난다. 왜 슬픈 예감은 틀린 적이 없나. 코로나 검사부터 시작해서 열의 원인을 찾기 위해 온갖 검사를 받아야 한다. 혼자 끙끙 참다가 도저히 견딜 수 없어 간호사 선생님을 불렀다.

"연호야, 해열제 들어가니까 조금만 힘내자."
'으, 네…… 선생님 감사합니다……'
"아이고, 너무 힘들어 보이네…. 금방 괜찮아질 거야 연호야."

'네……'

순식간에 정신이 혼미해질 정도로 열이 높아졌다. 가슴에 뚫린 인공 관을 통해서 해열제가 들어간다. 두꺼운 이불과 담요를 덮고 몸을 덜덜 떨며 지옥 같은 순간이 빨리 지나가기를 빌었다. 40도 가까이 되었던 열이 겨우 떨어졌다. 고열이 한 번 휩쓸고 지나가니 온몸이 땀으로 흥건했다. 담당 교수님께서는 열이 오른 이유가 세균 감염 때문이라고 하셨다. 정상적인 면역력을 가지고 있다면 전혀 문제 될 일이 없는 조무래기 균이지만, 면역력이 하도 낮아서 조무래기 균조차 이기지 못해 이렇게까지 열이 나는 거라고 말씀하셨다. 여러 종류의 항생제를 몸에 쏟아 붓고서야 침입자를 겨우 무찌를 수 있었다.

암 진단을 받으면 몸속에 있는 암세포들을 없애기 위해 항암치료를 받는다. 항암치료에 쓰이는 항암제가 암세포만 쏙쏙 골라서 잡아주면 정말 좋겠지만, 안타깝게도 그렇게 똑똑한 친구는 아니었다. 임진왜란 때였다. 여진족이 군사를 보내 조선을 도와주겠다고 했지만, 상황이 좋지 않았음에도 당시 조선의 왕이었던 선조는 딱 잘라 거절했다. 우리 백성이든 왜놈이든 가리지 않고 죽여버리는 오랑캐를 어떻게 믿겠냐는 이유였다. 왜놈이 암세포라면 오랑캐는 항암제다. 항암제는 정상세포든지, 암세포든지 눈에 보이기만 하면 닥치는 대로 살육해 버리는 진퉁 오랑캐였다. 오랑캐들이 몸속에서 날뛰며 머리카락이 빠지고, 피부가 갈라지고, 면역력에 직결되는 정상세포도 거의 전멸했다. 오랑캐가 이렇게 몸을 폐허로 만들어 놓아도 혈구들을 만드는 골수가 정상적으로 일한다면 다시 면역력이 회복된다. 그러나 애석하게도 골수는 무기한 파업 중이었다. 첫 항암치료를 시작한 것이 7월 초반이었다. 대부분 환자는 늦어도 한 달이 지나면 회복이 된다는데, 나는 9월이 다 되도록 면역력이 오를 낌새조차 없었다. 원래계획대로라면 지금쯤 면역력이 올라 정해진 항암치료를받아야 하는데, 그놈의 면역력이 오르지 않아서 아직도아까운 시간만 축내고 있다.

일주일에 한 번씩 골반을 뚫어가며 고생을 한 결과로 면역력이 오르지 않는 이유를 알 수 있었다. 이름도 무시무시하다. 바로 '골수 섬유화' 때문이었다. 건강한 사람들은 유연한 골수 조직을 가지고 있어 자유롭게 혈구들을 만들어 내는데, 내 골수는 돌처럼 딱딱하게 굳기 시작해서 그럴 수가 없었다. 의료진분들은 골수 상태가 좋지 않으니 항암치료는 여기까지 하고, 바로 조혈모세포 이식을 받아야 할 것 같다고 하신다. 힘든 항암치료를 덜 받는 건 얼핏 보면 좋은 일 같지만, 달리 생각해 보면 마냥 기뻐할 수 없는 문제였다. 정해진 치료가 있는데 혹시 항암치료를 남들보다 조금 받게 되면, 금방 또 암세포가 자라는 건 아닐까 걱정되었다. 동시에 어이가 없었다. 대부분 환자가 잘 받는 치료에서도 기어코 예외를 만들어 버리다니, 정말 인생은 마음대로 되는 것 하나 없다는 어른들의 말씀이 드디어 이해가 갔다.

얼마 후에 일반 병동에서 조혈모세포 이식을 위한 무균실로 병실을 옮겼다. 일반 병동에서는 사람들도 만나고 이런저런 이야기도 하면서 그래도 사람 사는 것 같았는데, 무균실은 정말 감옥 같았다. 감염을 예방하기 위해서 사람 간의 접촉이 금지되었고, 무조건 독방 생활을 해야 했다. 무인도에 떨어진 조난자가 이런 기분이었을까? 영화 <캐스트 어웨이>처럼 배구공 윌슨이라도 옆에 두고 싶은 심정이었다. 무균실에 오니까 마음만 힘든 게 아니었다. 이식을 위해서는 많은 준비가 필요하다. 히크만 카테터라는 인공 관을 몸속에 새로 넣어야 하고, 환자가 이식을 감당할 수 있는 몸 상태인지, 몸 안에 있는 장기들은 모두 제 역할을 해내고 있는지 종합적으로 검사해야 했다.

몸도 마음도 정말 지쳤다. 살면서 그렇게까지 힘들었던 적이 없었다. 그래도 약간의 희망은 있었다. 끝이 보이는 희망이랄까? 조혈모세포 이식은 백혈병 치료의 마지막 단계. 이것만 잘 해낸다면, 힘든 투병 생활도 끝이 날 것이다. '그래 조금만 더 버텨보자, 연호야.' 속으로 끝임없이 되뇌며 금방이라도 무너질 것 같은 마음을 애써 다독였다.

"등에 빨갛게 뭐가 났네?"
'네?'
"아니, 이쪽만 유독 빨간 것 같아."

'사진 좀 찍어서 보여주세요.'

이식을 앞두고 있던 어느 날이었다. 아버지께서 등을 밀어주시다가 유독 한 부분에서 빨갛게 발진이 보인다고 말씀해 주셨다. 아버지가 찍어주신 사진을 보니 크기도 작고 별로 아프거나 가렵지도 않아서 괜히 신경 쓰지 않기로 했다. 다음 날이었다. 아침이 밝고 일어나 보니 어제 발진이 있던 자리에서 가려움의 혁명이 일어났다. 피가 날 정도로 정신없이 등을 긁다가 심상치 않음을 느끼고 간호사 선생님을 불렀다.

'선생님, 저 등이 너무 간지러워요.'
"그래? 등 한번 보여줄래?"
등을 확인하신 간호사 선생님께서 기겁하시며 말씀하셨다.
"헐, 연호야 등이 엄청 빨간데? 아프진 않아?"
'네? 아프진 않아요.'
"사진 한 번만 찍을게."
간호사 선생님께서 찍어주신 사진을 보고 두 눈을 의

심했다. 분명 어제 콩알만큼 작았던 발진이 등을 거의 뒤덮을 정도로 커져 있었다. 이후에도 발진은 점점 세력을 넓혀 허벅지, 팔, 심지어 얼굴까지 진출했다. 온몸을 빨갛게 물들인 발진을 보고 러시아 혁명을 주도한 레닌을 떠올려 본다. 20세기 초 러시아처럼 나의 왕국은 빠른 속도로 적화되었다. 이대로 이식은 힘들 것 같다는 교수님의 판단하에 먼저 피부 발진을 치료하기로 했다. 발진의 원인을 알아내기 위해 허벅지 살을 뜯어 조직 검사도 하고, 스테로이드 약물을 복용하면서 레닌의 잔당을 모두 소탕했다. 그러나 그 시점에서 또 한 번 예상치 못한 반전이 일어났다.

일반 병동에 있을 때, 오매불망 오르기만을 기다렸던 혈액 수치가 꿈틀거리며 오르기 시작했다. 그러니까 골수가 일을 시작한 것이다. 면역력이 회복되어 정해진 항암 치료 일정을 따라갈 수 있다는 것은 분명 나쁜 일이 아니다. 그러나 하필 이식을 위한 힘겨운 준비를 모두 마친 상태에서 다시 원점으로 돌아가야 한다니, 말로 표현 못 할 만큼 허탈하고 억울했다. 화가 나 소리라도 지르고 싶었지만 그럴 수 없었다. 잘못한 사람은 아무도 없다. 결국엔 내가 문제였다.

버텨내기 어려운 시간이었다. 씩씩하게 병과 맞서 싸우고 싶었지만, 하루에도 몇 번씩 좌절과 절망의 태풍이 불어닥쳤다. 가만히 있으면 눈물이 쏟아질 것 같았지만 사람들 앞에서는 울지 않았다. 나 하나만 바라보며 함께 견디고 있는 가족을 위해서라도, 마음을 다해 치료하고 계시는 의료진께 미안해서라도 울 수 없었다. 약한 모습을 보이고 싶지 않아서 구석진 곳으로 가 울었다. 그러곤 아무 일도 없었다는 듯이 병실로 돌아와 꾸역꾸역 살아내던 나날이었다.

내 마음처럼 비가 추적추적 내리던 저녁이었다. 얼마 전에 새로 뚫은 관 때문에 아침부터 끙끙 앓다가 문득 지금의 내 모습이 너무 처량해 보였다. 비참하고 서러웠다. 한 치 앞도 보이지 않는 현실에 점점 자신감을 잃고 있었다. 내가 짊어진 삶의 무게는 고작 열아홉 풋내기가 감당하기엔 벅찼다. 울컥 차오르는 눈물을 삼켰다. 옆에 계신 아버지 때문이었다. 아버지가 나가신 후에야 참아온 눈물을 터뜨렸다. 잠시 흐느끼다가 혹시 누가 들어오지는 않을까 싶어 얼른 눈물을 닦아버리고 마음을 다잡으려 심호흡하고 있을 때였다. 무균실 간호사 선생님 한 분이 병실로 들어오셔서 따뜻한 인사를 건네주셨다.

"연호야, 잘 지냈지? 몸은 어때?"

'네, 괜찮아요!'

"응, 약 먹을 시간이라 약 가지고 왔어."

'감사합니다!'

"근데 연호 눈이 왜 그래? 울었어?"

'......'

순간 말문이 막혔다. 꾸깃꾸깃한 환자복을 꽉 잡고 눈물을 참아봤지만, 어쩔 수 없었다. 눈물 몇 방울이 뚝뚝 떨어진다. 울기 싫어서 천장도 바라보고, 고개도 숙여봤지만 한번 떨어진 눈물을 잡기엔 역부족이었다. 서러운 마음이 복받쳐 바쁜 선생님을 붙잡고 염치도 없이 펑펑 울었다. 몸을 들썩이면서 울기만 했다. 약을 건네주러 오셨다가 졸지에 내 눈물을 보신 선생님께서는 천천히 등을 토닥여주시며 말없이 위로를 건네셨다. 한참을 그렇게 있다가 겨우 마음을 진정시키고, 죄송스러운 마음에 선생님께 사과를 드렸다.

'안 좋은 모습 보여드려 죄송해요……'
"아니야. 연호야 안 죄송해도 돼."
'감사합니다.'
"… 연호야. 울고 싶으면 마음껏 울어. 힘들면 힘들다고 말해도 돼. 사람이 언제나 강할 수는 없잖아. 너무 수고가 많다. 우리 연호 응원하는 사람들 많은 거 알지? 지금은 힘들겠지만 분명 다 잘될 거야."

따뜻한 위로가 가슴 깊은 곳까지 와닿았다. 선생님 말씀이 옳다. 사람이 언제나 강할 수는 없다. 우리 삶에는 힘든 일이야 헤아릴 수없이 많다. 가끔은 도저히 이해할 수 없는 아픔을 받아들여야 한다. 감당하기 힘든 고난 속에서 슬퍼하고 부정적인 생각을 하는 건 사람이기에 당연했다. 한 치 앞도 예측할 수 없는 투병의 현장 속에 있으니 불안하고 괴로운 것도 당연하다. 눈물을 흘리는 것쯤 부끄러운 일이 아니다. 그냥 사람이니까 당연히 그러는 거다. 스스로에게 솔직해져야 한다. 부정적인 감정이 싫어서 계속 피하고 숨기만 한다면, 마음의 상처가 곪아서 더 쓰라리게 되리라. 간호사 선생님이 해주신 말씀을 스스로에게도 해주어야 한다.

환난 속에서 슬픔은 당연하다. 인간이기에 느끼는 당연한 감정을 부끄러워할 필요 없다. 슬픔을 숨기는 건 자신을 병들게 할 뿐이다. 사람이 언제나 강할 수는 없다. 눈물 흘리는 내 모습을 안아주자. 내 감정을 존중해 주자. 혼자 극복하기 힘들 때는 사랑하는 사람의 품에 안겨서 울어버리자. 마지막 한 방울의 눈물까지 흘려버리자. 그렇게 모두 비워버리고 다시 일어나자. 진짜 강한 사람이란, 강철 같은 사람이 아니라 오뚝이 같은 사람이다.

암보다 무서운 것

"연호 안녕! 잘 지냈지?"

'네 선생님~ 오랜만에 뵙네요.'

"그러게~ 우리 혈압 한 번만 재볼까?"

'네!'

아침 7시, 오후 3시, 밤 11시. 3교대로 근무하시는 간호사 선생님들이 인수인계를 본격적으로 시작하는 시간이다. 인수인계가 끝나면 간호사는 가장 먼저 자신에게 배정된 환자들의 혈압을 잰다. 나는 혈압 재는 시간을 가장 좋아했다. 이유는 사람 때문이었다. 혈압을 재는 짧은 시간 동안 처음 뵙는 간호사 선생님과는 안면을 트고, 구면인 간호사 선생님과는 서로의 이야기를 나눌 수 있었다. 폐쇄된 공간인 소아암 병동에선 인연 하나하나가 너무 소중했다. 나중에는 우리 병동 선생님 모두의 성함과 근속 연수까지 알게 되었다. 이번에는 꽤 친한 선생님을 담당 간호사로 만났다. 혈압이 측정될 때까지 선생님과 이런저런 이야기를 나누고 있는데, 가만히 보니 뭔가 달라진 것이 있었다. 그동안 팔찌를 차고 온 적이 없었는데, 오늘은 예쁜 분홍색 팔찌를 차고 오신 것이다.

'선생님, 오늘은 팔찌를 차고 오셨네요?'
"오 역시 연호는 알아봐 주는구나! 이거 귀엽지?"
'네, 귀엽네요.'
"그치. 이거 해영이가 만들어준 거야!"
'와~ 정말요?'

해영이는 일곱 살 무렵에 급성 백혈병을 진단받고 벌써 3년째 투병 중인 아이다. 계속되는 재발로 수없이 항암 치료를 받았고, 세 번의 조혈모세포 이식을 견뎌내야 했다. 말로 다 하지 못할 고통을 겪었을 테지만, 아픔에도 불구하고 명랑함을 잃지 않는 기특한 아이다. 손재주가 좋아서 고사리 같은 손으로 직접 구슬을 엮어 팔찌나 목걸

이를 만들고, 공들여 만든 걸작을 주변 사람들에게 나눌 줄 아는 따뜻한 마음씨까지 갖춘 친구다. 해영이는 존재 자체로 감동이었다.

무균실에서 일어난 피부 발진으로 피부과 진료를 보러 다니던 때였다. 낯선 사람들로 붐비는 곳에 내려와 쭈뼛쭈뼛 돌아다니는데 반가운 얼굴이 보였다. 해영이었다. 어머님과 인사를 나누고 해영이 옆에 앉아 진료를 기다렸다. 그러다 잠시 어머님께서 자리를 비우셨을 때였다. 초등학생으로 보이는 남자아이가 우리에게 다가와 뜬금없이 "어? 스님이다." 그러는 게 아닌가.

일순간 마음이 차갑게 식었다. 항암치료로 인해 빠져버린 머리카락을 놀리다니, 아무리 어린아이라지만 참을 수 없었다. '너, 방금 뭐라고 했어?' 꼬마의 눈을 똑바로 바라보며 물었다. 스님 같은 형의 눈빛에서 살기가 느껴지자 꼬마는 당황했을 거다. 이렇게 있다가는 한 대 맞을 수도 있겠다는 생각이 들었는지 멋쩍은 듯 웃다가 슬슬 눈치를 보며 자기 부모님 곁으로 돌아갔다. 한숨을 쉬며 화를 가라앉히고 있는데 옆에서도 똑같은 소리가 들렸다.

　아, 해영이도 들었겠구나. 고개를 푹 숙인 해영이의 머리에는 머리카락 대신 분홍색 머리띠가 애처롭게 둘려 있었다. 해영이도 소아암환자 이전에 누구에게나 예뻐 보이고 싶고 꾸미는 걸 좋아하는 평범한 열 살 소녀다. 남들과 다른 모습이 된 것만으로도 해영이에겐 큰 슬픔이었을 텐데, 방금 남자아이의 무심한 장난이 해영이에게는 어떤 상처로 남게 될까. 쓰라린 마음 사이로 지난날 받았던 상처가 떠올랐다. 첫 항암치료를 받고 면역력이 떨어져 있을 때였다. 갑자기 또 열이 났는데, 기존에 쓰던 항생제로도 열이 잡히지 않고 원인도 명확하지 않아서 심층 검사가 필요했다. CT 촬영을 위해 소아암 병동을 벗어나 각자 다른 병명의 환자들이 검사받는 CT 촬영실로 향했다. 온갖 약물들을 주렁주렁 매달고, 걸을 힘도 없어서 휠체어에 힘없이 앉아 검사를 기다리고 있었다. 그런데 어디선가 사람들의 시선이 따갑게 느껴졌다. 뒤늦게 주위를 둘러보니 생각보다 많은 사람이 나를 쳐다보고 있었다. 몇몇 사람들은 눈이 마주쳐도 시선을 거두지 않고 무슨 외계 생명체를 보듯이 바라보았다. 가슴이 쿵 하고 내려앉았다. 그들의 시선이 말했다. "쟤는 어려 보이는데, 어쩌다 저렇게 됐을까? 쯧쯧", "어린애가 암이라도 걸렸나? 나는 건강해서 다행이다."

면전에 대고 말하는 사람은 없었지만, 그들의 마음이 선명하게 보였다. 눈을 꼭 감아버렸다. 처음으로 암에 걸린 내가 부끄러웠다. 아픈 게 죄는 아니라고 하던데 어째서인지 죄처럼 느껴진다. 동물원의 원숭이가 된 것 같은 기분도 들었다. 그렇게 좀 보지 말아 달라고, 걸리고 싶어서 걸린 병이 아니라고 소리치고 싶었지만 그럴 수 없어 속으로 중얼거렸다. 심란한 마음으로 검사를 마치고 병실로 돌아오는데 사람들이 원망스러워서 눈물이 나왔다. 마음의 상처가 커서 세상이 싫어졌다. 내 모습이 다른 세상 사람처럼 보였을 테지. 그래도 사람들을 미워하지 않기로 했다. 대신 초라해진 나의 모습을 숨기기로 했다. 상처받지 않기 위해서 마음의 문을 닫아버렸다.

투병하면서 가끔은, 암보다 암으로 인해 세상과 멀

어지는 현실이 두려웠다. 남자아이의 스님 같다는 말이나 검사실 복도에서 마주한 눈빛들은 환자에게 자신과 세상 사이를 가로막는 '벽'처럼 느껴진다. 때로는 질병과 장애가 주는 고통보다 차별적인 시선과 말들이 훨씬 고통스럽다. '벽'은 항암치료로도 해결할 수 없으니까 말이다.

건강은 절대 영원하지 않다. 누구나 한순간에 잃어버릴 수 있다. 질병과 장애는 사람을 가리지 않고 찾아온다. 그 모습이 어떻든 모두가 똑같은 사람이고, 잠재적인 환자다. 아픔의 형태가 차별의 이유가 되지 않는 세상을 꿈꾼다. 차별 대신에 차이를 인정하고 존중하는 성숙한 사회를 바란다. 아픔을 겪고 있는 이들이 벽을 느끼지 않는 세상을, 아픔을 견뎌낸 사람들에게 손을 내밀어주는 사회를 간절히 소망한다.

행복이란 무엇일까?

시험 기간이라 친구들과 밤늦게까지 공부하고 있을 때였다. 머리카락을 쥐어뜯으며 풀리지 않는 문제를 노려보다가 문득 떠오른 질문 하나. '우리는 공부를 왜 할까?' 뭔가 큰 뜻이나 대단한 꿈이 있으면 모르겠다. 딱히 그런 것도 아니면서 적성에도 맞지 않는 일을 모두가 이렇게까지 해야 할 이유는 무엇인지, 고통스러운 학습의 과정을 인내하고 높은 성적을 받는다고 한들 우리 인생이 정말 획기적으로 변하지는 않을 것 같은데, 다들 무엇을 위해 공부하는지 궁금했다. 그러다 마침 성민이와 눈이 마주쳐서 그에게 툭 던지듯이 질문을 건넸다.

'야, 너는 공부를 왜 하냐?'
"갑자기?"

'그냥 궁금해서.'

"음, 행복하려고 하는 거지."

'그게 뭔 소리야. 지금 행복해?'

"아니, 지금은 아닌데 나중에는 행복하겠지."

친구의 답변을 들으니 더욱 생각이 많아졌다. 행복하기 위해서 하기 싫은 일을 억지로 하고 있다니, 인상을 찌푸린 채 행복이란 무엇일까 고민했다. 언제일지도 모르는 행복을 위해서 지금의 행복을 포기하며 사는 것이 당연한 건가? 친구가 말하는 행복이란 어떤 것일까? 무언가 목표하던 것을 이룰 때의 짜릿한 쾌감이 행복인가. 아, 그렇다면 행복은 매우 어려운 것이구나 싶었다. 행복은 난이도 최상의 인생 숙제인 듯하다.

한 치 앞도 알 수 없는 게 사람의 일이라고 했다. 평범한 고등학생으로 살다가 갑자기 백혈병 환자가 되어 버렸다. 이제는 2차 항암치료까지 마쳤고, 백혈병 치료의 마지막 단계인 조혈모세포 이식만을 앞두고 있다. 다른 환자분들은 이식이라는 말을 듣기만 해도 고개를 절레절레 흔든다. 이식은 정말 말도 안 되게 힘들다던데 잘 이겨낼 수 있을까? 지금의 내 모습을 보니 한숨이 절로 나왔다. 친구들은 미래를 꿈꾸며 공부하고 있는데 양쪽 가슴에 인공 관을 꽂고 항암제나 맞고 있는 신세라니. 고작 열아홉에 미래가 아니라 죽음을 고민하고 있다니 새삼스럽게 서러움이 복받친다. 부정적인 생각을 하지 않으려 해도 쉽지 않다. 복잡한 마음을 정리하려 병동 복도를 산책할 때였다.

"아 제발!!!"
한 병실을 지나치는데, 누군가 악을 쓰는 소리가 들렸다. 무슨 일인가 싶어 마침 열려 있던 병실 안쪽을 들여다보았다. 내 또래쯤으로 되어 보이는 환자가 자신의 엄마에게 소리치며 울고 있었다. 물끄러미 바라보고 있는데 타인의 사생활을 훔쳐보는 것 같다는 생각이 들었다. 부끄러운 마음에 고개를 돌리고 다시 발걸음을 옮길 때, 뒤에서 충격적인 말이 발목을 잡았다.

"엄마가 나 아픈 거 알기나 해? 나 그냥 죽어버리고 싶어!"

절로 한숨이 나왔다. 그냥 죽어버리고 싶다는 환자도, 또 옆에서 고통에 몸부림치는 자식의 절규를 들으며 아무렇지도 않은 척 위로를 건네는 보호자의 모습도 딱했다. 다시 병실로 돌아오는 길에 아까 자식을 달래던 어머님께서 울고 계신 걸 봤다. 당연히 눈물밖에 나오지 않겠지. 세상 어느 부모가 그 상황에서 아무렇지 않을 수 있을까. 처음엔 손수건에 얼굴을 묻고 숨죽여 우시더니 시간이 지날수록 병동이 떠나가라 통곡하셨다.

몸이 아프면 마음도 아프기 마련이다. 감당하기 힘든 고통을 견뎌내다 보면 그냥 다 내려놓고 싶은 마음이 들 때가 있다. 같은 처지라 그 환자의 마음이 이해된다. 지금껏 받았던 고통을 모두 토해내고 싶었겠지. 환자로서는 자신의 고통을 알아줄 사람이 없어서 답답하고, 보호자의 입장에선 죽고 싶다는 자녀의 등을 쓸어주는 것 말고는 무얼 해줄 수 없는 현실에 마음이 무너져 내릴 것이다. 하지만 소아암 병동에선 이런 풍경이 일상이다. 죽음보다 더한 아픔을 안고 사는 환자와 목숨보다 귀한 자식이 고통에 몸부림치는 모습을 지켜봐야만 하는 보호자의 세계.

살아도 사는 게 아닌 것 같은 이곳에서 어떻게 희망을 이야기하고 행복을 생각할 수 있을까?

이식 예정일이 다가오자 불안해진다. 착잡한 마음을 달래려 병동 복도를 터덜터덜 걷다가 예전에 같이 병실을 썼던 준우의 어머님을 만났다. 준우는 여덟 살 때 콩팥에 암이 생겼다. 치료를 끝냈는데도 병은 쉽사리 준우를 놓아주지 않고, 벌써 열세 살이 된 준우는 여전히 입원과 퇴원을 반복하며 힘든 치료를 견뎌내고 있다.

'어머님 안녕하세요?'

"오~ 연호 학생~ 몸은 어때요?"

'네, 지금은 괜찮은데 곧 이식받으러 가서 안 좋아질 예정입니다~'

"에이~ 괜찮아요. 우리 아들은 그거 2번이나 했잖아요."

'준우가 고생이 많죠. 준우는 지금 뭐 하고 있어요?'

아들의 이름을 듣자마자 어머님의 눈시울이 붉어졌

다. 아, 뭔가 또 안 좋은 일이 생겼구나. 어머님께서 한숨을 한 번 크게 내쉬고 전해주신 준우의 근황은 이랬다. 암을 치료하기 위해선 몸속으로 항암제도 들어가야 하고, 진통제를 비롯한 다른 약도 수시로 맞아야 한다. 많은 약을 계속해서 넣기 위해 암환자들은 '케모포트'라고, 어깨부터 심장까지 이어진 인공 관을 품고 지내야 한다. 치료를 위해서 없어서는 안 될 '기본 아이템'이다. 이번에는 준우의 기본 아이템에 문제가 생겼다. 액체 상태로 흘러야 할 혈액이 딱딱하게 굳으며 발생하는 '혈전'이 준우의 케모포트 안에서 발견되었다. 혈전은 뇌졸중이나 심장마비 같은, 생명을 위협하는 병의 원인이 될 수도 있기에 발견 즉시 제거해야 한다. 준우의 근황을 말씀하시던 어머님의 눈에서는 어느새 눈물이 흐르고 있었다.

"안 그래도 수술 많이 해서 씻을 때 보면 가슴이고 어디고 다 칼자국밖에 없는데……."

'어떻게 위로를 드려야 할까요……. 준우를 위해서 계속 기도할게요 어머님.'

"근데, 내가 더 슬픈 건 뭔 줄 알아요?"

어머님께선 숨을 한 번 고르시더니 다시 이야기를 시작하셨다. 의료진에게 생각지도 못했던 수술 소식을 듣고 어머님은 크게 절망하셨다. 안 그래도 힘든 치료를 받는 아들이 또 고생해야 한다고 생각하니 받아들이기 어려우셨단다. 금방이라도 무너질 것 같은 마음에 아들을 붙잡고 울며 물어보셨다고 한다.

"아들."

"응?"

"준우는 준우가 불행한 사람이라고 생각한 적 없어?"

"……"

"다른 친구들 보면 학교도 가고, 여행도 다니는데, 준우는 계속 병원에만 있잖아."

"……"

"내일 또 준우 수술받아야 한대. 엄마랑 준우는 참 불행하다. 그치?"

"난 그렇게 생각 안 해."

"어?"

"내가 왜 불행한 사람이야? 나는 행복한 사람이야. 이

병은 언젠가 나을 거 아니야. 난 치료 끝나고 집에 가서 엄마랑 아빠랑 동생이랑 같이 노는 게 얼마나 좋은데. 나 안 불행해. 나 행복한 사람이야."

준우의 이야기를 듣고 한참 말을 잇지 못했다. 나보다 훨씬 힘든 상황 속에 있으면서도 희망을 잃지 않고 삶을 꿋꿋이 살아내는 준우의 모습이 존경스러웠다. 그리고 행복하다니. 당장 건강한 사람을 데려와서 물어봐도 듣기 힘든 말을 소아암 병동에서 듣게 되었다. 다시 묻고 싶었다. 행복이란 무엇일까? 지금 가지지 못한 무언가를 끊임없이 바라고 원하다가 결국 얻었을 때 느끼는 쾌감이 행복일까?

글쎄다. 십만 원이 생기면 백만 원을 가지고 싶고, 백만 원이 생기면 천만 원을 가지고 싶은 것이 인간의 어쩔 수 없는 마음이다. 무언가를 소유함으로써 얻어지는 게 행복이라면, 단순히 남들보다 멋지게 사는 것이 행복이라면 우리는 절대로 행복할 수 없다. 욕심과 행복은 엄연히 다른 개념이다. 욕심은 만족이 없는 길이지만, 행복은 만족에서 시작되는 길이다.

가족이랑 같이 있을 수 있어서 감사하고, 감사할 수 있었기에 최악의 상황 속에서도 행복할 수 있었던 준우를 보며 깨달았다. 내 삶이 아무리 빈곤한 것 같아도 감사할 수 있으면 분명 행복할 수 있다. 행복은 마음먹기에 달려 있다. 행복은 저 멀리 빛나는 성공 위에 있는 줄 알았는데, 잠깐 뒤를 돌아보니 손에 닿는 거리에 잔뜩 있었다. 지금 당장이라도 가질 수 있는 행복, 그 행복을 얻기 위해서 그동안 잊고 지내던 감사 제목을 떠올려 본다.

힘든 와중에도 든든한 버팀목이 되어주었던 가족들에게 감사했다. 항상 최선을 다하시는 의료진분들께 치료받을 수 있음에 감사했다. 나를 위해 기도해 주시는 모든 분께 감사했다. 백혈병이 불치병이 아니라 완치까지 바라볼 수 있는, 치료가 가능한 병이라서 감사했다. 조혈모세포 이식이라는 명확한 치료 방향이 정해져 다른 불안 없이 휴식에만 집중할 수 있는 지금에도 감사했다. 아, 이렇게 보니 나는 정말 행복한 사람이었다. 이식에 대한 걱정도 줄어들었다. 준우가 그동안 힘든 치료를 모두 이겨낼 수 있었던 것은 단순한 기적이 아니라 감사의 이유를 찾고 행복할 수 있었기에 가능했던 생존이 아니었나 싶었다.

존재만 놓고 보면, 모든 인간은 똑같다. 그러나 모두가 행복하게 살고 있지는 않다. 아마도 삶을 대하는 태도가 저마다 다르기 때문일 것이다. 아침마다 새날을 허락하여 주시는 보편적인 은혜가 있다. 그 은혜에 감사하며 기쁨으로 하루를 시작하는 사람도 있지만, 일상이 지긋지긋하다며 불평으로 하루를 시작하는 사람도 있다. 한 번 주어진 삶, 불평만 하다 가기엔 너무 아깝지 않나? 지치고 힘든 현실 속에서도 감사의 이유를 찾아내는, 말랑말랑한 마음을 가진 사람은 행복하다. 하지만 아무리 좋은 상황이라도 걱정과 불안에 사로잡힌, 딱딱한 마음을 가진 사람은 불행하다.

"나는 이래서 불행해."하고 불행의 이유만 찾으며 살기엔 삶은 너무나 짧다. 하루를 살아도 행복하게 살아보

자. 마음가짐만 바꾸면 된다. 욕심에 사로잡혀 만족을 미루는 것보다 하루에 단 몇 분이라도 내게 주어진 것에 감사하는 시간을 가져보는 건 어떨까. '나는 이래서 행복한 사람이구나!' 행복은 바로 지금 이곳에 있으니까.

혼자라고 생각 말기

나는 생일이 두 번이다. 세상에 태어난 날이 첫 번째 생일이고, 조혈모세포 이식을 받은 날이 두 번째 생일이다. 케이크 한 번 더 먹으려고 생일을 만든 게 아니다. 조혈모세포 이식은 '다시 태어난다.'라는 상징적인 의미가 있는 치료다. 나뿐만 아니라 조혈모세포 이식을 받은 대부분 환자가 이식 당일을 두 번째 생일로 기념하고 있다. 왜 그런 의미가 생겼냐고? 이식 과정을 들으면 아마 이해가 갈 것이다. 먼저 '원자폭탄'에 비유되는, 말도 안 되게 독한 항암제를 몸속에 쏟아붓는다. 항암제뿐만 아니라 무슨 토끼 피까지 넣는다. 항암제를 넣고 나면 열이 오르고 순식간에 녹초가 된다. 거기에 말 그대로 골수 조직이 타오르는 끔찍한 고통을 견뎌야만 한다. 지옥 같은 모든 과정을 버텨내고 난 후에야 기증자의 건강한 조혈모세포를 이식받을 수 있다. '다시 태어난다.'라는 말에 어울리는 고통을 견딘 후에야 새 삶을 선물 받을 수 있다.

이전의 항암치료는 어떻게든 이겨냈었는데 조혈모세포 이식 과정은 차원이 달랐다. 아무것도 먹지 못했는데도 날마다 구토하고 설사했다. 먹은 게 없어서 위액과 담즙을 토하다 결국엔 피까지 토했다. 입의 점막이 모조리 헐어서 입이 있는데도 말을 못 하는, 조금 다른 의미의 유구무언 상태였다. 머리가 깨질 듯 아파서 몸부림치다가 진통제에 취해 잠들곤 했다. 약 때문인지 환청을 들은 적도 있었다.

고통 속에서 지내던 어느 날이었다. 새벽 3시가 지났지만 도저히 잠을 이룰 수 없었다. 배가 아파 끙끙 앓다가 속이 너무 쓰려서 좀 앉아 볼까 하는데 갑자기 구역질이 올라왔다. 침대맡에 놓아둔 통을 붙잡고 헛구역질을 계속했다. 먹은 것이 없으니 나올 게 없는데도 몸은 살기 위해 무언가를 자꾸 뱉어내려 했다. 헛구역질하느라 온몸이 땀범벅이 되었다. 기운이 다 빠져 손이 덜덜 떨리는데 붙잡고 있는 통까지 흔들릴 정도였다. 한참 동안 거친 숨을 가라앉히려 애쓰고 있는데 문득 눈물이 나왔다. 이렇게까지 살아야 하나, 정말로 살기 싫었다. 너무 아프고 힘든데, 내 모습은 이렇게 볼품이 없는데, 미래는 한 치 앞도 보이지 않는데, 억지로 산다고 한들 무슨 의미가 있을까?

'하나님 저 그냥 데려가 주세요.'

침대 손잡이를 붙잡고 이제 그만 목숨을 거두어 달라는 기도를 했다. 삶의 무게가 도저히 감당이 안 되었다. 더 이상의 삶이 부질없게만 느껴졌다. 미래에 대한 희망도 없었다. 이렇게 고통스럽게 사느니 차라리 세상을 버리고 싶었다. 죽음을 통해서라도 당장의 고통에서 벗어나고 싶었다. 눈을 천천히 감았다. 나만 포기하면 끝나는 것이다…….

그때였다. 옆에서 뭔가 꼼지락하는 소리가 들렸다. 힘없이 고개를 돌려 옆을 바라보니 하루 종일 아픈 아들을 간호하시다 겨우 잠이 든 아버지께서 잠결에 뒤척이고 계셨다. 아버지의 뒷모습을 멍하니 바라보았다. '우리 아버지, 여기서 이러고 계실 분이 아닌데.' 아버지도 아버지의 삶이 있다. 바깥 공기도 쐬고 싶고 사람도 만나고 싶을 거다. 하루 정도는 집에서 편히 자고 싶을 거다. 그런데 우리 아버지는 왜 여기에 있을까? 순전히 나를 위해서다. 소중한 일상을 포기하고 감옥과도 같은 이곳에서 고생하고 있는 이유는 아들인 내가 당신의 삶보다 소중하기 때문이다.

나는 나다. 동시에 나는 누군가의 가족이고, 누군가의 친구이며, 누군가에겐 자기 삶보다도 더 귀한 존재일 것이다. 그제야 깨달았다. 내 삶은 혼자만의 것이 아니었다. 고달플 때도, 외롭고 슬플 때도, 세상에 혼자만 남겨진 것 같았던 그 순간에도 나의 존재를 떠받치고 있는 사람들이 있었다. 곁에서 같이 버텨주고 응원해 주며 기도해 주는 사람들을 잊고 삶을 버릴 생각만 하고 있다니. 얼마나 부끄러운 일인가. 아버지의 등을 바라보며 다짐했다. 무조건 버티자. 소중한 사람들을 위해서라도 반드시 살아야만 한다. 마음을 다잡고 다시 기도를 올렸다.

'하나님. 제가 저를 포기하지 않게 해주세요. 저를 붙들어 주시고, 제가 나약하게 삶을 포기하지 않도록 강건한 마음을 주세요. 부모님이 상실의 고통을 겪지 않도록 제가 저희 부모님보다는 오래 살게 해주세요.'

무거운 짐을 가지고 살아가다 보면, 극한의 한계 속에서 계속 버티다 보면 외롭다. 세상에 하나부터 열까지 나와 똑같은 사람은 없다. 마찬가지로 내 고통 또한 누구와도 똑같을 수 없다. 그래서 고통을 파고들수록 더욱 외롭고 슬펐던 거다. 이제는 고통 자체에 매여있지 않기로 했다. 어떤 고난 속에 있든지 내 삶은 나 혼자만의 것이 아니라는 걸 기억하고 살아야겠다. 제일 사랑하는 사람들을 위해서라도 삶의 문제는 삶의 영역에서 끝내야겠다. 앞으로는 비겁하게 죽음을 생각하지 않으리라. 조혈모세포 이식이 코앞이다. 새로 얻는 두 번째 삶, 고통 속에 계신 분들에겐 희망을, 위로가 필요한 이들에겐 용기를, 삶의 의미를 찾지 못해 방황하는 사람들에겐 사랑을 전하며 살리라 굳게 다짐한 밤이 있었다.

그렇게 살고 싶다

눈이 펑펑 내리던 새벽. 나는 전주에서 서울로 올라가는 첫 번째 버스를 기다리고 있었다. 날씨가 춥다고 하길래 잔뜩 껴입고 나왔건만 칼바람이 맨살까지 뚫고 들어왔다. 낡은 코트의 단추를 여미며 아직 동이 트지 않은 새벽의 어두운 하늘을 물끄러미 바라보았다. '후'하고 입김을 불어 본다. 하얀 연기가 넓게 퍼지더니 금방 또 사라졌다. '픽'하고 웃음이 나왔다. 방금 있었다가 사라져 버린 작은 입김이 마치 인간의 운명처럼 느껴졌다. 어떤 큰 존재의 날숨으로 밤하늘처럼 넓은 세상에서 잠깐 존재했다가 사라져 버리는 인생. 찰나의 삶 속에서 무엇을 위해 살아야 할까? 생각하다 괜히 심각해지려는데 마침 기다리던 빨간색 버스가 도착했다.

달리는 버스 안에서 창밖을 바라보며 여러 얼굴들을 떠올렸다. 병원에서 보내는 열아홉 생일을 진심으로 축하해 주던 친구들과 의료진분들, 이식을 앞두고 불안한 마음을 투병 선배로서 따뜻하게 감싸주시던 교회 권사님, 항상 곁에서 힘이 되어주는 우리 가족들. 그들은 내게 삶으로 사랑을 보여주었다. 어느덧 조혈모세포 이식을 받은 지도 1년이 넘었다. 항암치료를 할 때는 음식 맛도 느끼지 못했지만, 이제는 삼시세끼 야무지게 챙겨 먹는다. 물병 뚜껑도 열지 못했는데 이제는 무거운 아령을 들고 운동까지 한다. 어지러워 휴대전화도 쳐다보지 못했는데 이제는 책도 읽고 글까지 쓴다. 기적과도 같은 회복의 과정을 돌아보다가 문득 이런 생각이 들었다. 주변 사람들을 통해 일하셨구나. 위로가 필요할 때 손길을 내밀어주시고 넘치는 은혜로 세워주셨구나. 그걸 알려주고 싶어 하셨구나. 사랑이다. 사랑을 알려주고 싶어 하신 거다. 우리는 세상에 잠깐 머물렀다 돌아가는 존재다. 어차피 아무것도 가져가지 못할 텐데, 짧은 삶을 선한 목표도 없이 사는 건 무의미하다. 죽음을 초월해서 남길 수 있는 유일한 건 사랑 아닐까. 오직 사랑만이 남는다.

서울에 도착했다. 여전히 눈바람이 매섭다. 터미널에서 택시를 잡아타고 목적지를 말했다.

항암제는 암세포뿐만 아니라 백혈구와 적혈구, 혈소판 같은 정상세포까지 공격한다. 항암치료 후에는 면역력이 거의 신생아 수준으로 떨어진다. 골수가 정상적으로 기능한다면 금방 회복하겠지만 백혈병 환자들은 그게 힘들다. 누군가의 피를 수혈받지 않고서는 생존 자체가 불가능하다. 백혈병 환자들이 생명을 유지하기 위해서 반드시 필요한 보존적 치료가 수혈이다. 그런데 이 수혈을 받기 위해 직접 환자와 가족들이 피를 구하러 다녀야 하는 게 현실이다. '지정헌혈'이라고 환자를 지정해서 헌혈하는 제도가 있는데, 제발 우리에게 피를 달라고 환자와 보호자가 사방으로 뛰어다니며 외치고 있다.

"살고 싶으면 네가 직접 피를 구해와라." 너무 안타까운 현실이 아닌가. 환자가 직접 피를 구하러 다니는 지정헌혈 제도를 바꾸고 싶었다. 그래서 지난 2022년 10월, 국회에서 환자 대표로 증언했었다. 오랫동안 환자 인권을 위해 애써오신 백혈병 환우회와 환자들의 어려운 상황에 공감해 주신 최혜영 의원님의 도움 덕분이었다. '학교에 다닐 때, 어려움에 처한 이웃의 눈물을 닦아주는 일이야말로 나라가 해야 할 일이고 진정한 정치라고 배웠습니다. 부디 지금도 힘겹게 혈액을 구하며 눈물 흘리고 있는 이웃의 눈물을 닦아주시길 진심으로 부탁드립니다.' 마음이 전해지길 바라며 간절히 호소했었다.

오늘은 한국백혈병환우회 안기종 대표님, 이은영 사무처장님, 박웅희 공익변호사님과 함께 국가인권위원회에 지정헌혈 문제 개선을 촉구하는 진정서를 내러 가는 길이다. 진정서를 제출하기 전에 <피를 구해야 하는 백혈병-혈액암 환자들의 고통을 멈춰 주십시오>라고 적은 피켓을 들고 지정헌혈 제도의 신속한 개선을 요구하는 가두연설을 진행했다. '투병에 임하는 것만으로도 엄청난 고통일 텐데, 혈액을 구하는 고통까지 안겨주어선 안 됩니다! 지금, 이 순간에도 절박한 마음으로 혈액을 구하고 있을 환자들의 마음을 담아 지정헌혈 제도의 신속한 개선을 촉구합니다!' 진정서를 제출하고 전주로 돌아오는 길, 새벽부터 바쁘게 움직이느라 지치고 추위에 손발이 꽁꽁 얼었지만, 마음만은 따스했다.

화산이 폭발하면 일대는 쑥대밭이 된다. 푸른 잎이 우거진 나무와 수풀은 모두 사라지고, 뿌연 화산재는 넓게 하늘로 퍼져서 햇빛을 가린다. 백혈병은 장연호라는 숲을 한순간의 폭발로 모두 없애버린 화산이었다. 아무것도 남지 않은 나의 대지에 어디선가 씨앗 하나가 날아와 싹을 틔웠다. 자욱한 먼지가 걷히고 그 싹은 점점 자라 어엿한 나무가 되더니 탐스럽고 귀한 열매를 맺었다. 열매는 나를 일으켜준 수많은 것들에 대한 감사였고, 내 삶을 선한 길로 이끄시는 이에 대한 믿음이며, 진정으로 사람을 풍요롭게 하는 사랑이었다. 소중한 열매를 품고 앞으로 나아가려 한다. 슬픔과 어려움 속에서도 다시 삶을 일으키는, 사랑의 힘을 믿고 살아가려 한다. 그저 사랑하는 사람으로, 그렇게 살고 싶다.

Part 4.
스무 살의 일기

어른이 된다는 건

초등학교 3학년 때의 일이다. 학교 일과가 모두 끝난 종례 시간이었다. 담임선생님께서 굳은 표정으로 문을 열고 들어오시더니, 한 명씩 이름을 불러가며 '사랑의 빵' 저금통을 하나씩 나눠주셨다. 이윽고 선생님은 저금통을 받아 든 아이들에게 엄숙한 목소리로 말씀하셨다.

"우리 학교 다니는 1학년 친구 P가 뇌종양에 걸렸다고 해요. 그래서 수술을 받아야 하는데, 치료비가 부족해서 어려운 상황이라고 해요. 다들 부모님께 꼭 말씀드리고 힘든 친구를 위해서 조금이라도 같이 돕기로 해요."

'수술'이라는 단어에 시끄럽던 교실이 한순간에 조용해졌다. 가슴이 콩닥콩닥 뛰었다. 수술이라고? 무슨 일인지는 잘 모르겠지만 수술을 받는다니, 엄청나게 심각한 문제일 것이다. 집으로 돌아가면 부모님께 꼭 말씀드려야겠다고 다짐했다.

'우리 학교에 P라는 친구가 수술받는대요.'

"왜?"

'뇌종양에 걸려서요.'

"뭐? 네 친구가?"

'1학년 동생인데요. 병원비가 부족해서 어려운 상황이래요.'

"그래? 아이고⋯⋯."

다음 날 아침이었다. 아버지는 사랑의 빵 대신에 하얀 봉투 하나를 내미시며 학교에 가면 꼭 선생님께 전해 달라고 당부하셨다. 안에 뭐가 들었을까? 등교하면서 조심스럽게 열어보니 빳빳한 노란색 지폐가 몇 장이나 들어 있었다.

'헉, 이 돈이면 철권이 몇 판이야?'

당시에 동네 문구점에서 즐겨하던 게임인 철권이 생각났다. 이 돈을 그 친구에게 주지 않고 꿀꺽한다면 재밌는 철권도 원 없이 할 수 있을 거고, 무려 500원이 넘는 핫바나 아이스크림도 마음껏 살 수 있을 거다. '아니, 그래도 선생님께 드리라고 했으니까 드려야지. 5만 원은 어른들끼리만 쓰는 거니까.' 슬쩍해 볼까 생각했지만 역시 5만 원이 넘는 금액은 열 살짜리 꼬맹이가 감당하기엔 버거웠다.

그리고 2년이 흘렀다. 학교가 끝난 후 친구들과 문구점에서 소시지를 사 먹고 철권 오락을 하고 있을 때였다. 한 친구가 옆구리를 쿡쿡 찌르더니 귓속말로 속삭였다.

"야, 너 방금 봤냐?"
'뭘?'
"걔, P잖아."

익숙한 이름이었다. 고개를 돌려 계산대를 바라보니 P로 보이는 아이와 그를 둘러싼 친구들이 보였다. 얼핏 보기에도 상당한 양의 간식이 계산대 위에 올려져 있었는데 P가 주머니 안에서 만 원짜리 하나를 꺼내 모두 계산하는 게 아닌가. 친구는 엄청난 특종이라도 발견한 것처럼 흥분하면서 말했다. "야! 봤지? 쟤 병원비 없다고 하지 않았냐? 완전 부자인데? 우리한테 거짓말한 거야!" 시골 초등학생들은 그랬다. 부를 가늠하는 기준이 학교가 끝나고 문구점에서 얼마나 많은 돈을 쓰는지에 있었다. 만 원이면 정말 부자다. 친구의 말을 듣고 보니까 P가 괘씸했다. 우리 아빠가 오만 원도 넘게 주지 않았나. 그 돈으로 간식이나 사 먹는다고 생각하니 화가 났다. 내 마음속에 P는 거짓말쟁이로 저장되었다.

스무 살이 된 지금도 가끔 P가 떠오른다. 병의 종류는 다르지만 나도 겪어보지 않았던가. 어릴 때는 알 수 없었던 것이 비로소 보이기 시작한다. 머리를 여는 수술을 받고 고통에 몸부림치다 진통제에 취해 잠드는 여덟 살 아이가 보인다. 항암치료를 받으며 머리카락이 다 빠져버린 소년의 모습이 보인다. 달라진 아들의 모습을 보며 남몰래 눈물 흘렸을 부모님의 모습이 보인다. 죽음의 고비를 넘나들며 힘든 치료를 겨우 마치고, 이제 아픈 아들이 학교로 돌아가는데 혹시나 친구들에게 기죽지 않을까. 만 원짜리 지폐를 P 손에 꼭 쥐여주었을 부모님의 마음이 보인다.

아, 그럴 수 있으면 얼마나 좋을까? 그때로 돌아가 P를 꼭 안아주고 싶다. 수고했다고, 너는 정말 멋진 사람이라고 말해주고 싶다. 그의 작은 등을 토닥이며 잘 이겨내줘서 고맙다고 전해주고 싶다. 어른이 된다는 건 보이지 않는 것까지 보는 게 아닐까. 나의 고통이 아닐지라도 이해하고 공감해 주는 마음이 아닐까. 우리가 서로에게 '어른'이 되어줬으면 좋겠다. 우선 나부터라도 그런 사람이 되어주고 싶다. 힘든 이들에게 어깨를 내어주고, 아파하는 이들을 안아주며 괜찮다고 말해주는 어른이 되고 싶다. 지금쯤 고등학생이 되어 있을 P를 위해 기도를 올린다. 그의 건강과 행복을 소망하며 내가 진정한 어른이 될 수 있도록 지혜를 주시라고 기원한다.

마음까지 아픈 이들에게

백혈병을 진단받고 정신 차릴 틈도 없이 첫 항암치료를 받았다. 절망에 빠져 살던 어느 날이었다. 병원에서도 어김없이 아침은 온다. 블라인드 커튼 사이로 새어 나오는 햇빛이 잠을 깨운다. 창밖을 바라보니 구름 한 점 없이 맑다. 이런 날이면 괜스레 더 우울해진다. 나는 이곳에 갇혀 있는데 세상은 이렇게나 아름답다. 창밖 너머 바쁘게 움직이는 사람들을 한참 동안 바라보다가 세수하러 화장실에 갔다. 기분을 전환해보려 거칠게 얼굴을 씻었다. 그러곤 거울을 봤는데, 낯선 남자가 우두커니 앞에 서 있다. 머리카락이 모두 빠지고 볼은 움푹 패여 볼품없다. 눈빛에서 조금의 생기도 찾아볼 수 없었다. 거울 속 남자를 바라보고 있으니 소름이 끼쳤다. 눈을 질끈 감고 침대로 도망쳐왔다. 초라해진 내 모습을 과연 받아들일 수 있을까?

몸이 아프니 덩달아 마음도 아팠다. 거울 속 남자를 마주한 이후로 자신감이 떨어졌다. 거울 속 모습이 남들이 보는 나라고 생각하니 견디기 힘들었다. 어디 아무도 없는 곳으로 들어가 숨어버리고 싶었다. 남들은 나를 뭐라고 생각할까? 그저 아픈 환자로 생각하겠지. 불쌍한 사람으로 여기겠지. 남들에게 동정이나 받는 사람이라니…….

반년 후, 나는 집으로 돌아왔다. 한가로이 쉬고 있는데 민수에게 연락이 왔다. 퇴원도 했으니 얼굴이나 한번 보자고 한다. 당시 면역력이 약해서 사람이 붐비는 곳에 갈 수가 없었기에 우리 동네에서 산책이나 하자고 했다. 오랜만에 친한 친구를 만날 생각에 반가웠지만 한편으론 불안했다. '친구가 나를 아픈 사람으로만 보면 어떡하지?' 나도 자신을 불쌍한 사람으로 생각했을 때가 있었는데, 그에게 내가 그렇게 보일까 봐 위축되었다. 다시 거울을 본다. 여전히 머리는 휑하고 안색도 나빠 보인다. 가슴에는 여전히 인공 관이 뚫려 있고, 몸 곳곳에는 투병의 흔적이 남아 있다. 뭐든지 지워버릴 수 있는 지우개가 있다면 얼마나 좋을까. 흉한 흔적들을 남김없이 지워버리게 말이다.

　느긋한 토요일 오후, 민수를 만나는 날이다. 퇴원 후 친구를 만나러 가는 건 이번이 처음이다. 병원 CT 촬영실 앞에서 마주한 사람들의 시선이 떠오르면서 괜히 위축된다. 사람들이 나를 어떻게 바라볼까. 혹시 이상하게 생각하지는 않을까. 아무에게도 환자라는 사실을 들키고 싶지 않았다. 모자를 깊게 눌러쓰고 긴 숨을 들이쉰 뒤에 집을 나섰다.

　집 앞 벤치에 앉아 몇 분쯤 기다렸을까? 저 멀리 민수가 걸어오는 게 보였다. 나도 모르게 미소가 번졌다.

　'야~ 잘 지냈냐?'
　"나야 잘 지냈지. 어디로 갈까?"
　'천변이나 걷자. 요즘은 뭐 하고 지내냐?'
　"아직 개강 전이니까 딱히 하는 건 없어. 아, 운전면허 따려고."
　'오~ 나는 또 언제 따지.'

어제 만났던 것처럼 계속 대화를 나눴다. 기숙사에서 사감 선생님 몰래 라면을 먹다가 걸려서 혼났던 추억, 모의고사를 앞두고 함께 새벽부터 일어나 국어 문제를 풀었던 추억, 기숙사 친구들과 다 같이 한 방에 모여서 상식 퀴즈를 풀었던 추억, 인국이는 여전히 이상하고, 덩치 큰 한석이는 살이 좀 빠졌고. 한참 동안 추억을 이야기하며 웃고 떠들었다. 그 순간 나는 백혈병 환자가 아닌 평범한 스무 살 청년이었다. 그렇게 계속 수다를 떨다가 무의식적으로 모자를 벗었다. 아무 생각 없이 내 손에 들려진 모자를 보는데, '헉'하는 소리가 절로 나왔다. 순간 발가벗겨진 기분이 들어 허겁지겁 다시 모자를 쓰려고 할 때였다.

"머리 많이 자랐네? 벗고 다녀도 되겠다."

'어? 이상하지 않아?'

"뭐가 이상해?"

'아니, 이상하잖아.'

대충 모자를 눌러쓰고 다시 물었다.

'머리카락 보니까 내가 좀 달라 보이는 것 같지 않

냐?'

　"그냥 똑같은데 뭔 소리야."

　잠깐 멍해졌다. 당연히 이상하게 쳐다볼 줄 알았지만, 친구는 아무렇지도 않은 표정이었다. 내가 스스로를 그렇게 보았기에 세상 사람들도 나를 이상하게 볼 줄 알았지만 그게 아니었다. 머리카락이 듬성듬성 빠져있거나 가슴에 관이 꽂혀 있다고 해서 무조건 불쌍한 사람이 되는 건 아니었다. 아마 입장이 바뀌었다면 나도 그랬을 거다. 민수가 어떤 모습이건 그는 여전히 좋은 친구일 뿐이다. 아, 몸이 아프다고 해서 마음마저 아플 필요는 없었는데, 지금까지 내가 나를 아프게 하고 있었다.

　그동안 스스로를 괴롭히고 있었다. 멋지게 백혈병과 싸우고 이겨낸 자신을 다독여주고 칭찬해 주지는 못할망정 '불쌍한 놈'으로 만들어 버렸다. 민수와 만나고 돌아오는 길. 앞으론 나를 챙겨주기로 마음먹었다. 내 모습이 어떻든지 간에 사랑해 주기로 했다. 어려운 상황에 처하면 나에게 위로를 건넬 거다. 힘들고 지칠 때는 나에게 응원을 보낼 것이다. 지옥 같은 투병 생활을 이겨낸 나는 누구보다 멋진 사람이니까. 앞으로 어떤 상황에 놓인다고 한들 마음마저 가난해지진 않을 것이다. 고통이나 절망도 언젠간 끝이 난다. 후일 웃으며 추억할 날은 반드시 온다. 그날이 올 때까지 나를 놓지 않으며 살아가는 거다.

마음을 담다

"형, 망나뇽 알아? 진짜 센 포켓몬인데."

'그럼~ 드래곤 타입 포켓몬이잖아.'

"우와~ 어떻게 알아? 드래곤 타입 포켓몬은 얼음 타입에 약하잖아. 나 근데 망나뇽도 있고 리자몽도 있어. 보여줄까?"

'응, 보여줘. 오~ 얘는 레벨이 엄청 높다.'

소아암 병동에서 우연히 박사님을 만났다. 전공은 포켓몬이고, 나이는 열 살이다. 많은 포켓몬의 이름은 물론 타입, 상성을 줄줄 꿰고 있는 박사님을 보면서 어린 시절을 떠올렸다. 왕년에 나도 포켓몬 마스터를 꿈꿨다. 태권도 학원을 마치면 친구들과 공원에서 포켓몬 배틀을 하고 서로 자기 포켓몬이 세다며 자랑했었다. 하지만 박사님에게는 아무리 애써 포켓몬을 잡아도 함께 할 친구가 없다. 좋은 추억을 만들어주고 싶었다. 인내심을 가지고 꽤 오랫동안 박사님의 이야기를 듣고 있다가 엄마 뒤에 숨어 우리를 지켜보는 꼬마를 발견했다.

박사님의 수업이 끝나고 다가가 인사를 건넸다. 꼬마는 엄마 다리를 꽉 붙들고 날 올려다봤다. 호기심과 두려움이 섞인 눈빛, 동글동글한 얼굴에 맑은 눈이며 모든 것이 사랑스러운 6살 남자아이였다. 꼬마가 대답하지 않자 어머님은 멋쩍게 웃으시면서 "얘가 왜 그러지? 선준아 형한테 인사해야지?" 하셨다. 선준이는 엄마의 채근에도 묵묵부답이었다. '선준아 형 이름은 장연호야. 다음에 만나면 꼭 인사하자~'

일주일쯤 지났을까. 병동 복도에서 선준이의 어머님과 마주쳤다.
'어머님 안녕하세요~ 선준이는 잘 지내죠?'
"아! 연호 학생 안녕하세요! 선준이는 항암하고 있는데, 많이 힘들어하네요……. 아무래도 속이 좋지 않나 봐요."

항암치료의 대표적인 부작용이 오심과 구토다. 음식 냄새만 맡아도 속이 울렁거린다. 계속 메스꺼운 느낌을 받다가 결국 토하고 만다. 나도 항암치료를 받는 동안 내내 속이 좋지 않아 힘들었었다. 어떻게 하면 속을 달랠 수 있을까? 나름대로 찾아낸 해결책이 있다. 사탕을 먹는 거다. 사탕을 입 안에 넣고 이리저리 굴리면 그나마 속이 가라앉는다. 병실로 돌아와 선준이에게 줄 사탕을 찾았다. 청포도 사탕이었다. 나중에 선준이가 힘든 항암치료보다 달콤한 사탕의 맛을 기억하길 바라며 어머님께 드렸다.

며칠 뒤 병실에서 책을 읽고 있는데 똑똑 노크 소리가 들린다. "연호 학생 안에 있어요?" 밖으로 나가보니 선준이와 어머님이다. 선준이는 나를 보자마자 "형아, 고마워~"하며 손을 잡는다. 사랑스러운 녀석. "선준이가 사탕 받고 먹으면서 형 생각 많이 했대요~" 어머님께서 말씀을 덧붙이셨다. 내 손을 꼭 붙든 조그마한 손바닥에서 온기가 느껴진다. 괜스레 울컥하고 가슴이 저린다. 허리를 숙여 선준이와 눈을 맞추고 말해줬다. '씩씩하게 치료 잘 받아줘서 형이 더 고마워~' 선준이는 활짝 웃어주었다.

선준이는 다음날부턴 만날 때마다 먼저 인사를 건넸다. 환하게 웃으며 뽀로로 이야기도 하고 하이파이브도 했다. 닫혀있던 마음이 사탕 몇 개로 열렸다. 마음은 눈에 보이지 않는다. 표현하지 않으면 아무도 모른다. 말이나 글로 직접 전해야 한다. 쑥스럽다면 작은 선물을 건네는 것도 좋은 방법이다.

선준이에게 준 사탕은 그냥 사탕이 아니다. '너를 응원하고 있어. 힘내!'라는 마음을 담은 사탕이다. 별것 아닌 선물이 마음을 담으니까 사람의 마음을 움직일 정도로 위대해졌다. 식사할 틈도 없이 일하시는 간호사님께 과자와 음료수를 드렸다. 병원 밥이 입맛에 맞지 않아 고생하는 아이에게 빵을 주었다. 선준이와 같은 아이들을 위해 병실을 나설 때마다 사탕을 호주머니 안에 가득 채웠다. 얼마나 사탕을 주고 다녔는지 어떤 아이는 나를 '사탕 주는 형'으로 불렀다. 나 역시 많은 걸 받았다. 특별한 날이 아닌데도 나를 위해 선물을 고르고 편지를 써주신 의료진분들, 병실이 다른데도 맛있는 걸 먹을 때마다 꼭 나눠주러 오던 친구, 만날 때마다 미소로 반겨주는 아이들 덕분에 병원에서의 삶을 견딜 수 있었다.

응원하고 싶은 사람이 있다면, 위로의 말을 건네고 싶지만 어떻게 해야 할지 모르겠다면 작은 선물을 주는 것도 방법이 아닐까. 젤리처럼 가벼운 군것질거리도 좋겠다. 선물에 '내가 당신을 이렇게 생각하고 있어요.', '늘 응원하고 있어요', '당신은 멋진 사람이에요.' 따뜻한 마음을 담아 건네는 거다. 어쩌면 사소한 선물 하나가 누군가에겐 삶을 견딜 이유가 될지도 모른다.

100% 노력하지 마라

🍃 "이 땅에서 가난은 죄다."

"잠은 죽어서도 잘 수 있다. 성공하고 싶다면 1분도 쉬지 마라!"

"100% 노력해라. 100%로도 안 되면 그 이상으로 노력해라. 성공을 위해선 극한의 노력이 필요하다."

"뼈를 깎는 노력이 성공을 만든다."

가끔 이런 식의 광고를 접하면 궁금해진다. 어떤 근거로 주장하는지 의문이 들어 책이나 영상을 몇 번 찾아봤다. 내용은 별다른 게 없다. 항상 쉬지 말고 일해라. 잠은 최대한 줄여라. 성공을 위해 죽을 각오로 살아라. 노력했는데 성공하지 못하면 노력이 부족한 거다. 성공하는 법이라며 제시하는 방법은 제각각이지만 공통으로 말하는 것이 있다. "100% 노력해라."

　사실 이런 말이 익숙하다. 수험생 때부터 귀가 닳도록 들어왔던 성공 공식이다. 예전에 다니던 수학학원 원장님은 "남들 자고 있을 때, 책 한 번 더 보는 게 진짜 공부다. 원하는 대학에 가고 싶으면 잠은 잘 생각하지 마라."고 했다. 기숙사 관장 선생님은 급식을 먹고 있는 나와 친구들에게 "너희들은 공부하는 기계라고 생각해라! 빨리 밥 먹고 올라가서 공부해!"라고 했다. 그때는 당연하다고 생각했다. 성공은 남들보다 돈을 잘 벌고, 명예를 얻고, 화려한 삶을 사는 거다. 성공을 위해서라면 남들보다 덜 먹고 피곤해도 덜 자며 기계처럼 살아야 한다.

　고등학교 2학년 때, 뒤늦게나마 '명문대 입학'이라는 성공을 목표로 공부를 시작했다. 뒤처진 만큼 독하게 했다. 시험 기간에는 밥 먹는 시간마저 아까워 끼니를 걸렀다. 3~4시간만 자면서 공부한 적도 있고, 문제집에 코피를 쏟는 일도 종종 있었다. 시험이 삶의 전부가 되니 점수 몇 점에 기분이 오락가락했다. 나만 그런 건 아니었다. 친구들 대부분이 당연한 듯 받아들였다. 도태되고 싶지 않으면 친구를 밟고 올라가야 한다. 남들보다 높은 성적을 받으면 행복해질 수 있을 거라 믿었다. 치열하게 공부해서 결국 높은 성적을 받았다. 물론 잠깐의 성취감은 있었지만, 쾌감은 너무나 짧았고 금방 새로운 경쟁에 돌입하며 행복보다는 불안감을 느꼈다. 경쟁은 발전을 촉진하는 좋은 수단이지만, 수단을 넘어 목적이 되어 버리면 삶이 피폐해진다.

나는 촉망받는 수험생에서 환자가 되었다. 배신감이 들었다. 남들보다 노력하면 무조건 성공할 수 있다고 믿었다. 그런데 100% 노력한 보답은 대학 합격이 아닌 건강 상실이었다. 책에서 말하는 성공 공식은 현실에 적용되지 않는 경우가 많았다. 삶에는 변수가 있었다. 모든 노력의 결과가 성공으로 이어지지 않는다. 극한까지 노력해도 기대에 미치지 못하는 결과와 마주하게 된다. 그리고 애초에 우리 몸은 100% 노력하면 망가지도록 설계되어 있다. 성공 지상주의를 부르짖는 사람들은 예상치 못한 변수와 실패는 책임져 주지 않는다.

나는 투병을 통해 성공보다 중요한 것이 있음을 배웠다. 아무리 중요한 일이라도 100%를 쏟아붓지 않기로 했다. 90%까지만 노력하는 거다. 최소한 10%의 여유는 자신을 위해 남겨두기로 했다. 여유란 별 게 아니다. 하루에 한 번은 바깥바람을 쐬는 것, 하루에 한 끼는 사랑하는 사람과 먹는 것, 한 달에 한 번이라도 내가 좋아하는 일을 하는 것, 몸이 아프면 참지 않고 병원에 가는 일이다. 일 때문에 나를 미루지 않는 게 여유다. 그 10%가 사람을 살린다. 노력한 것에 비해 대가가 적어 속상할 때, 실패로 좌절감을 맛볼 때, 뜻대로 일이 풀리지 않을 때 10%의 틈이 삶을 구원한다. '나'를 잊어버리고 살기 쉬운 시대다. 조금 쉬어도 망하지 않는다. 공부나 일이 중요하다고 한들 나보다 중요하지는 않다. 연봉을 몇백억씩 받는 유명 강사가 죽음의 고비를 넘기고 강연에서 전한 말이 있다. "뼈를 깎는 노력은 반드시 실패합니다." 건강을 관리하지 못하면 모든 것이 물거품이 된다. 잠깐의 성취보다 중요한 건 내가 지어진 대로 사람답게 사는 거다.

인생에 정답이 있을까?

🐛 고등학교 2학년 진급을 앞두고 선택을 하나 해야 했다. 문과에 갈 건지, 아니면 이과에 갈 건지. 나는 내 성향을 잘 알았기에 별 고민 없이 문과를 선택했지만, 몇몇 친구들은 선택의 길목에서 꽤나 갈등하고 있었다. 어느 날, 복도에서 역사 동아리를 통해 알게 된 친구 L을 만났다. 반갑게 인사를 나누고 대화하는데, L이 자신의 고민을 털어놓았다. 문과에 갈지 이과에 갈지 아직 선택하지 못했다고 한다. L은 역사와 사회 과목에 관심이 많은 친구다. 동아리 활동을 하면서도 자신은 꼭 인문학을 전공하겠다고 포부를 밝히던 친구였는데 심경의 변화가 생겼나 보다.

"연호야, 너는 문과 갈 거지?"
'어, 그럴 것 같아.'

"나도 문과에 가고 싶긴 한데, 주위에서 너무 반대해."

'왜 반대하셔?'

"취업이 안 된다고 하잖아. 문과 가고 싶다니까 선생님도 그렇고, 부모님도 다시 생각해 보라고 하네. 진짜 이과에 가야 하나?"

'그래도 하고 싶은 거 하는 게 낫지 않나?'

"모르겠다. 일단 좀 생각해 봐야지."

'그래, 잘 생각해 봐.'

본격적으로 공부를 시작하고 시험 준비다 뭐다 바쁘게 지내느라 L을 잊고 지냈다. 얼핏 이과를 선택했다는 말은 들었지만, 신경 쓸 겨를이 없었다. 그러다 3학년 중간고사를 앞두고 버스 정류장에서 우연히 그와 마주쳤다. 먼저 인사를 건네고 어떻게 지내냐면서 안부를 물었지만 표정이 영 좋지 않았다. 이과에서의 생활이 너무 힘들단다. 도무지 흥미가 생기지 않아 공부에 집중할 수가 없고 그러다 보니 성적은 자연스럽게 떨어지고, 성적이 떨어지니 공부가 더 손에 잡히지 않는 악순환을 겪고 있다고 했다. 자신의 적성과 꿈을 포기하고 오로지 취업과 안정적

인 미래를 위해 진로를 결정했는데 그마저도 쉽지 않다고
했다.

'재밌어서 공부하는 사람 많이 없잖아. 하기 싫어도
해야지……'

"그건 맞는데, 뭘 하기가 싫다."

'시험 준비는 좀 했어?'

"해야지. 집 좀 들렀다가 스터디 카페 가려고. 어, 버
스 왔다. 갈게."

무슨 말을 건네야 할지 몰라 우두커니 서 있는데 마
침 그의 집으로 가는 버스가 도착했다. 그에게 어색하게
잘 가라며 작별 인사를 건넸다. 자신의 꿈을 당당하게 밝
히던 예전 모습은 온데간데없었다. 축 처진 어깨로 버스
에 오르는 뒷모습이 안타까웠다.

병원에서 답답할 때마다 산책하는 버릇이 들었다. 치
료를 마치고 집으로 돌아온 지금도 동네를 산책하곤 한
다. 삭막한 병원 복도 대신 탁 트인 길을 걷는 것만으로도

가슴이 시원해진다. 화창한 날씨에 선선한 바람이 불어온다. 세탁소를 지나서 마트에 잠깐 들렀다가 초등학교 앞을 걷고 있는데, 마침 초등학생들이 학교를 마칠 시간인가 보다. 기껏해야 열 살쯤 되었을까. 작은 아이들이 올망졸망 모여서 서로에게 인사를 건네고 있었다. 이윽고 아이들의 발걸음은 학원 간판이 빼곡하게 채워진 건물로 향했다. OO 수학학원, OO 영어학원, OO 과학학원, OO 내신 대비 학원. 그 모습을 보며 의문이 들었다. 과연 저 아이들은 자신이 원해서 학원으로 가는 걸까? 내 유년은 어땠던가? 그때 학원에서 무엇을 배웠는지는 기억나지 않는다. 다만 학교가 끝나면 친구들과 방범대를 결성해서 동네를 헤집고 다녔던 추억, 학교 앞 문구점에서 네모 스낵, 아폴로, 감자 알칩 등의 불량식품을 쇼핑하며 행복했던 기억, 동전 몇 개로 철권 오락을 하면서 게임 기술을 연마하던 열정, 겨울에 친구들과 학교 뒷산에 올라가 눈썰매를 타며 맞았던 차가운 바람은 아직도 가슴 속에 남아 있다. 문득 떠올릴 때마다 미소 짓게 된다. 하루를 잘 논 아이는 짜증을 모르고 십 년을 잘 논 아이는 마음이 건강하다고 했다.

지금으로부터 100년 전, 방정환 선생님은 어린이날을 선언하며 아이들의 놀 권리를 주장했었다. 억압 속에서 자라는 어린이들이 어린이다운 감성을 회복해야 한다고 말했다. "어린이는 어른보다 한 시대 더 새로운 사람입니다. 어린이 뜻을 가볍게 보지 마십시오. 싹을 위하는 나무는 잘 커가고, 싹을 짓밟는 나무는 죽어 버립니다." 그로부터 한 세기가 지난 지금, 우리 아이들은 잘 놀고 있을까? 하루 종일 책상 앞에 앉아 공부하는 것이 아이들이 바라는 일일까? 부모들이 아이들에게 자신의 꿈을 강요하고 있는 게 아닐까. 왜 아이들의 역할이 '건강하게 놀며 배우는 것'이 아니라 선행학습과 시험 준비가 되어야 하는 걸까. 초등학교에 입학하자마자 의대 준비반에 들어가는 게 정말 바람직한가. 치열한 경쟁과 과도한 학습량으로 여유를 잃은 아이들의 모습이 딱하지 않나. 학업 스트레스로 목숨을 끊는 게 말이 되는 일일까? 그들이 바랐던 삶은 무엇이었을까? 아이들은 경주마가 아니다. 남들보다 빨리 갈 필요 없다. 설령 부모라고 해도 강요해선 안 된다. 아이들에겐 그들의 삶을 직접 설계하고, 부딪치고, 배우면서 선택할 수 있는 권리가 있다. 어쩌면 몇몇 부모님들은 이렇게 반문하겠지. "새파랗게 어린놈이 부모 마음도 모르면서! 우리 아이는 안정적이고 편한 삶을 살아야 해. 아이들이 잘살 수 있게 도와주는 것이 우리 역할 아니야? 여름에는 에어컨 바람 맞으면서 일하고, 겨울에는 히터 쐬면서 일할 수 있게 도와줘야지!" 음, 일리가 있는 말씀입니다만 저는 조금 다르게 생각합니다. 아직 새파랗기에 그 시절을 또렷하게 기억한답니다. 좁은 길을 걸어보니 어떠했나요. 그래서 행복한가요. 그렇게 해서 얻은 게 아이의 미래를 걱정해야 할 정도의 현실인가요. 당신이 걸어본 적 없는 길을 아이에게 요구할 자격이 있나요. 내일의 가능성을 위해 오늘의 반짝임을 포기하도록 하는 게 옳은 일일까요.

얼마 전부터 헬스장에 다니기 시작했다. 운동이 처음이라 이것저것 궁금한 게 많았다. PT를 신청해 트레이너 선생님께 본격적으로 배우기 시작했다. 준수한 외모에 엄청난 근육을 가진 분이었다. 항상 활기차게 수업에 임하시고, 정확한 운동 자세를 알려주시려 직접 시범을 보여주셨다. 하시는 일에 열정이 있으시구나 싶었다. 그러던 어느 날 하체 운동을 하다가 문득 궁금해졌다.

"1분 쉬었다가 한 세트 더 할게요~"

'네, 선생님 저 근데 질문 하나만 해도 될까요?'

"네~ 하셔도 됩니다."

'이렇게 운동을 좋아하시는데, 체대를 나오신 건가요?'

그러자 트레이너는 멋쩍게 웃으며 대답했다.

"아니요~ 저는 공대 나왔어요."

'아~ 정말요?'

"네, 고등학생 때 부모님이 공대에 가라고 계속 뭐라 하셨거든요. 아무래도 그쪽은 취업이 잘 되니까요."

'그러면 어쩌다가 진로를 바꾸신 거예요?'

"예전부터 운동하는 게 너무 좋았어요. 대학 가서 공부하는데도, 계속 이 일을 하고 싶다는 생각이 들었거든요. 처음엔 부모님이 심하게 반대하셔서 싸우기도 했는데, 그럴 때마다 제 인생은 제가 선택하고 싶다고 말씀드렸죠. 그러니까 부모님도 이해해 주시고 이제는 응원해 주세요."

살아오신 이야기를 듣는데 친구 L의 얼굴이 떠올랐

다. 얼마 전 길에서 본 아이들이 생각났다.

'아, 내 인생은 내가 선택하고 싶다. 멋있네요.'

"하하하~ 고맙습니다."

'근데 또 궁금한 게 생겼는데요.'

"네~ 말씀하세요."

'선생님 그래서 행복하신가요?'

"네! 최소한 후회는 안 하니까요. 그럴 일은 없겠지만 만약에 제 인생이 망한다고 하더라도 저는 행복할 것 같아요."

그에게 감탄했다. 막연히 실패가 두려워 시작조차 못 하는 사람들도 많은데, 실패 속에서도 행복할 것이라며 자신할 수 있는 사람이 세상에 얼마나 될까? 자신의 선택을 확신하는 트레이너 선생님은 마음까지 강한 사람이었다. 동시에 이런 생각도 들었다. '살아가는 방법에 정답이란 없구나.' 인생에는 왕도가 없다. 모든 삶에 통용되는 정석적인 길은 없다. 각자의 경험을 통해 얻은 지혜가 있을 뿐이다. 저마다의 주관적인 답이 존재할 뿐이다.

그러니 본인의 정답을 다른 이들에게 강요해선 안 된다. 부모와 자식 간에도 마찬가지다. "무조건 이렇게 살아야 해!"가 아니라 "이렇게 살아보는 건 어떨까? 선택은 너의 몫이지만, 나는 이렇게 생각하는데. 참고해 봐."여야 한다. 선택은 언제나 스스로 해야 한다. 부모가 자식의 인생을 대신 살아줄 수는 없다. 만약 트레이너 선생님이 부모님의 뜻을 따라 엔지니어가 됐다면 그의 선택에 기꺼이 책임을 지려 했을까? 삶의 참된 만족은 외형적 모습에서 나오는 게 아니다. 스스로가 자신의 삶을 얼마나 긍정하고 있느냐에 달려있다. 그저 나를 돌아보며 나아가는 거다. 내 마음이 원하는 건 무엇인지 들여다보는 거다. 나답게 사는 훈련을 계속하는 거다. 나는 스스로 선택하고 부딪칠 거다. 직접 부딪치며 삶을 배워나갈 것이다. 스스로 결정한 삶을 책임지며 살아갈 것이다. 삶에 옳은 길은 없다. 내가 선택하고, 믿어주면 그것이 길이 되는 거다.

아모르파티

🌿 "인생은 지금이야~ 아모르파티~"

고등학교 점심시간이었다. 급식을 먹고 다시 반으로 돌아오니 몇몇 친구들이 김연자 가수의 <아모르파티>를 틀어놓고 흥겹게 춤을 추고 있었다. 나도 덩달아 기분이 좋아져서 함께 춤을 추었다. 신나게 춤출 때는 몰랐다. 아모르파티의 파티가 'party'인 줄로만 알았다. 그 후에 책을 읽다가 아모르파티의 참뜻을 알게 되었다. 라틴어로 아모르(Amor)는 사랑이고, 파티(Fati)는 운명이란다. 아모르파티는 운명을 사랑하라는 말이었다. 운명을 사랑하라니, 처음엔 그 뜻이 잘 와닿지 않았다. 애초에 운명이라는 게 있기는 할까? 운명이고 뭐고, 수험생 때는 그런 추상적인 것들을 생각할 여유가 없었다. 오로지 눈에 보이는 '현실'만 바라보며 살았다. 그러다 고등학교 3학년 마지막 기말고사를 앞두고 덜컥 백혈병에 걸리고서 줄곧 생각했다. '혹시 이런 게 운명일까?' 잘살고 있던 나를 소아암 병동으로 보낸 게 운명인가. 많은 책을 읽고 오래도록 생각한 끝에 운명은 존재한다는 결론에 이르렀다. 눈에 보이는 '현실' 너머의 또 다른 세계가 존재한다고 믿는다.

운명은 존재한다. 내가 세상에 태어나기 전부터 절대적인 존재가 나를 위해 예비하신 운명은 있다. 인생은 선택의 연속이라고 하지만, 가끔 내 선택의 영역에서 벗어난 것들과 마주할 때가 있다. 우리 부모님의 아들로 태어난 것, 대한민국의 계절과 문화를 접하며 성장한 것, 수험생일 때 백혈병에 걸린 것은 운명이다. 내가 바꿀 수 없는, 그런 것들이 운명이다. 그렇다면 나의 힘으로 도저히 바꿀 수 없는 운명 앞에서 선택과 의지는 아무것도 아닌 걸까? 인간은 운명 앞에서 나약하기만 한 존재일까? 어차피 죽을 운명이니까 대충 살다가 죽으면 될까? 한때 수저론이 유행했었다. 부모의 소득 기준에 따라 사람을 나누고 세상을 바라보는 이론이다. "왜 나는 돈 많은 부모를 만나지 못했을까?" 원망하기 시작하면 끝이 없다. 자기 삶에서 마주한 모든 문제를 다 운명 탓으로 돌리게 된다. 불행은 부모 탓이고, 돈이 없는 건 나라가 잘못된 탓이고, 무시당 하는 건 나이가 어린 탓이고. 과연 그게 전부일까?

과거를 후회하는 것만큼 주어진 운명을 탓하는 것도 부질없는 짓이다. 독일의 철학자 니체는 각자 주어진 삶 을 그대로 받아들이라고 한다. 적극적으로 개척하라고, 운 명을 받아들이는 순간부터 새로운 가능성과 창조의 시대 가 열릴 거라고 말했다. 니체는 삶을 긍정하라고 주장한 다. 삶에서 마주하는 모든 것에 대해 억지로 기뻐하라는 말이 아니다. 삶이 힘들고 지치더라도 있는 그대로를 받 아들이라는 뜻이다. 운명을 인정하는 순간부터 보이는 가 능성에 집중하라는 의미다. 용기 있게 삶을 살아내며 의 미를 찾아내라는 뜻이다. 만약 내게 사랑하는 여자 친구 가 있다면 그녀를 구속하지 않을 거다. 자유를 인정하고 있는 그대로 존중해 주고 싶다. '자유를 허락하는 사랑'이 진정한 사랑이다. 우리를 지극히 사랑하시는 분께서도 각 자의 운명을 준비해 두셨지만, 자유 역시 허락하셨다. 내가 백혈병에 걸린 건 운명이었으나, 그 안에서 사랑을 발견하고 희망을 노래하는 건 내 자유다. 새로운 삶을 꿈꾸는 것 역시도 내게 주어진 천부적 권리다.

운명 안에서 자유를 누리고 살았던 사람들이 있다. 스티븐 호킹은 대학원에 다니던 21살, 루게릭병을 진단받았다. 루게릭병은 원인 불명의 이유로 온몸의 근육이 점점 수축하며 결국 심장근육에까지 이르면 생명을 잃게 되는 병이다. 끔찍한 질병 앞에서도 그는 자신을 포기하지 않았다. 병으로 인해 몸이 점점 굳어서 책 한 장 넘기지 못할 상태가 되었지만, 암산으로 수식을 풀어가며 박사 학위를 따냈다. 스티븐 호킹은 블랙홀이 빛을 낸다는 사실을 발견하고 호킹 복사 이론을 정립했다. 삶을 개척하여 이십 세기를 대표하는 이론 물리학자가 되었다. 그는 자신의 운명에 대해 이렇게 말했다. "내 몸 상태에 대해 생각하지 않습니다. 가능한 정상적으로 살려고 합니다. 간혹 내가 못 하는 일엔 신경을 쓰지 않습니다. 실제로 하지 못하는 일도 없지만요." 그는 아픈 육체 속에 있었지만 늘 건강했고 자유로웠다. 벤저민 프랭클린은 찢어지게 가난한 부모 밑에서 자랐다. 요즘 말로 표현하면 흙수저 of 흙수저였다. 어려운 집안 형편 때문에 열 살 때는 학교를 그만둬야 했다. 어린 나이부터 인쇄소에서 일했지만, 늘 책을 읽었고 꿈을 잃지 않았다. 출판 사업을 시작해 큰 성공을 거뒀다. 경제적 자유를 얻은 다음에는 발명가로서 소방차와 피뢰침을 만들었고, 사회 개혁가로서 미국 독립에 지대한 영향을 끼쳤다. 이희아 씨는 선천적인 장애로 손가락이 4개밖에 없었지만, 하루에 10시간씩 연습하여 희망을 연주하는 피아니스트가 되었다. 일본 수영 선수 이케에 리카코는 백혈병을 딛고 일어나 항저우 아시안게임에서 메달을 따냈다.

운명 속에서 자유를 누리는 삶은 선택된 사람들의 특권이 아니다. 우리 모두에겐 힘이 있다. 나에겐 운명의 파도가 밀려와도 헤쳐 나갈 힘이 있다. 앞으로 어떤 가혹한 운명이 닥칠지라도 나는 삶을 사랑할 거다. 운명을 껴안고 자유를 누리며 살아갈 것이다. 아모르파티, 지금 내게 주어진 운명을 사랑하며 담대하게.

Part 5.
다시! 시작을 준비하며

코드가 먼저인가 이론이 먼저인가

나는 어릴 적부터 우리 아버지 세대가 즐겨 듣는 노래를 좋아했다. 김광석, 안치환, 조하문, 변진섭, 유재하 가수의 노래를 즐겨 들었다. 포크송 특유의 시적인 가사와 서정적 분위기에 집중하고 있노라면 어느새 마음이 편안해졌다. 특히나 통기타의 청아한 소리가 좋았다. 내가 좋아하는 가수들처럼 멋지게 통기타를 칠 수 있다면 얼마나 좋을까? 귀뚜라미 울음소리가 들리는 들녘에 홀로 앉아 통기타를 치며 여유를 즐기는 내 모습을 상상해 본다. 아, 낭만이 넘친다.

대학에 들어가면 통기타를 꼭 배워보리라 다짐했었건만 예상치 못한 투병 생활로 캠퍼스의 낭만은 물거품이 되어 버렸다. 통기타를 배우겠다는 꿈을 잊고 살 무렵이었다. 어느 날, 교회에서 악기 레슨 수강생을 모집한다는 광고가 올라왔다. "악기를 배우고 싶은 분들을 모집합니다. 수업은 4월부터 6월까지 진행됩니다." 게시판에 붙어 있는 포스터를 바라보며 꺼진 줄 알았던 불씨가 활활 타오르고 있음을 느꼈다. 그날 바로 수강 신청을 하고 곧바로 인터넷 쇼핑몰에서 통기타를 하나 샀다. 첫 수업이 시작되는 4월이 되었다. 강사는 우리 교회 부목사님이다. 기타 실력은 말할 것도 없고 직접 작사 작곡을 하실 만큼 음악적으로 감각이 있는 분이시다. 어떤 분인지 알고 있다 보니 기대하지 않을 수 없었다. 오늘 수업에서 무엇을 배우게 될까? 잘은 몰라도 분명 집으로 돌아갈 때는 김광석 노래 하나쯤은 할 수 있겠지? 부푼 마음으로 수업을 기다렸다.

실제 수업은 내 예상과는 달랐다. 목사님은 피아노 하나를 앞에 두고 기타 줄 하나하나가 어떤 음을 가졌는지, 소리가 나는 원리는 무엇인지, 각 코드는 어떻게 구성되어 있는지, 기초 화성학 이론부터 차근차근 알려주셨다. 비록 김광석 노래는 배우지 못했지만, 음악의 'ㅇ' 자도 모르는 내가 계이름을 외우고 더듬더듬 코드를 잡아가는 과정이 신기했다.

"기타 학원에서는 처음부터 코드를 알려줘요. 빨리 기타를 치는 게 목적이니까. 근데 코드만 알면 어느 순간부터 발전이 힘들거든요. 그 코드가 어떻게 만들어지는 줄도 모르고, 기초적인 이해가 부족하니까 그래요. 오늘 배운 게 앞으로 기타 치면서 큰 도움이 될 겁니다."

천천히 고개를 끄덕이며 생각했다.

'기타 학원에서 처음 배웠으면 나는 아마 코드를 먼저 배웠겠지? 코드를 배워서 멋있는 노래 하나쯤은 외웠겠지만, 기본적으로 악기에 대한 지식이 없으니까 그 이상의 발전은 없었을 거야. 당장은 멋있게 기타를 치지 못해도, 오늘 배운 것처럼 기본에 충실하다 보면 앞으로 기타를 칠 때 성장의 속도가 더 빨라지지 않을까?'

동시에 짜릿한 생각 하나가 머릿속을 스쳤다. '아! 내 삶도 마땅히 그러해야 할 텐데.' 인생이라는 장기적인 연주를 앞두고 우리는 이론부터 배우는 게 좋을까? 코드부터 배우는 게 좋을까? 학원에서 이론이 아닌 코드부터 알려주는 것처럼 세상의 관점에서는 당장 눈에 보이는 성과가 중요하다. 그러나 음악에 대한 기초적인 지식 없이 일정 수준 이상의 발전이 힘든 것처럼, 나에 대한 공부를 하지 않고서는 삶에서 해결할 수 없는 문제들이 너무 많다. 그렇다면 조금 재미는 없어도, 볼품은 없어도, 가끔 남들보다 뒤처지는 것 같은 기분이 들 수 있음에도 불구하고, 정말 훌륭한 삶의 연주자가 되고 싶다면 코드가 아니라 이론부터 공부하는 게 순서 아닐까?

‘잘 지내고 있지? 그냥 생각나서 연락해 본다.’

“어 연호야. 나는 잘 지내고 있어. 몸은 괜찮지?”

‘괜찮아. 공부하는 건 안 힘들고?’

“조금 힘들다. 내일 모의고사 보는데 시험 끝나고 좀 쉬려고.”

‘그래 고생한다. 수능 끝나고 한번 보자.’

“그러자. 꼭 연락할게.”

예전부터 알고 지내던 친구 D가 있다. 종종 안부를 주고받는 친구인데, 저번 대학 수능 시험에서 원하는 결과를 얻지 못해 재수하고 있다. 힘내라고 따뜻한 밥 한번 사주고 싶었다. 시간이 흘러 그가 열심히 준비하던 수능 날이 되었다. D는 잘 봤으려나 궁금해하던 중에 마침 그에게 연락이 왔다. "연호야, 나 수능 끝났다! 주말에 만날 수 있냐?"

휴대전화 너머 목소리가 좋다. '짜식, 잘 봤구나.' 덩달아 기쁜 마음이 들었다. 곧바로 약속을 잡았다. 주말에 만나 뜨끈한 콩나물국밥을 사줬다. 배불리 저녁도 먹었겠다. 근처 공원을 걷고 있는데 갑자기 D가 푹 한숨을 내쉰다.

'왜 그래?'
"이번 수능도 망한 것 같다."
'뭐야, 결과가 벌써 나왔어?'
"아니, 성적표는 아직 안 나왔는데 내가 쓴 답을 다 알잖아. 답안지 나온 거 보니까 생각보다 많이 틀렸더라."
'......'

잠시 침묵이 흘렀다. 가늘게 떨리는 목소리가 그동안 어떤 마음으로 시험을 준비했는지 말해주는 것 같았다. 어떤 말을 해야 그에게 힘이 되어줄 수 있을까? 생각나는 게 없어서 그냥 괜찮다며 등만 토닥여주었다.

"모의고사에서도 그렇게 망친 적이 없는데, 이게 말이 되나. 진짜 죽고 싶다."

'죽긴 왜 죽어 인마. 대학은 그쪽만 지원한 거 아니잖아.'

"너무 시원하게 망해서 아마도 다 떨어질 것 같다. 너한테 할 말은 아니지만 나도 열심히 준비했는데 좀 억울하네……. 군대도 가야 하는데 수능 한 번 더 보는 건 늦는 거 아닐까? 앞으로 어떻게 해야 할지 모르겠다."

친구의 모습에 옛날의 내가 겹쳐 보였다. '한 방에 원하는 대학에 붙게 해주세요. 재수하지 않게 해주세요.'라며 빌었던 수험생 때였다. 그때의 나는 막연하게 '늦음'이 두려웠다. 왜, 그런 것 있지 않나? 인생의 보편적인 흐름이랄까. 착실하게 공부해서 스무 살에는 대학에 들어가고,

남자면 군대에 다녀왔다가 졸업해서 최대한 빨리 취업하고, 열심히 돈을 모아서 서른 살 정도엔 결혼하는 것. 열아홉 어린 시선으로는 흐름에 조금이라도 뒤처지는 것이 실패처럼 보였다. 실패하고 싶은 사람은 없다. 실패하지 않기 위해, 그러니까 늦지 않기 위해 '높은 성적', '대학 입학'이라는 코드 공부에만 집중했다. 나라는 악기가 어떤 원리로 소리가 나는지, 천천히 줄을 하나씩 튕겨보며 알아가는 과정 자체를 시간 낭비라고 생각했다. 그러나 아무리 코드를 많이 알고 있어도 악기에 대한 기본적인 이해가 없으면 진정한 음악인이 될 수 없듯이, 나도 내 삶에 대한 기본적인 이해와 성찰이 부족했기 때문에 온전한 나의 삶을 영위하지 못하고 누군가에게 보이기 위한 삶을 살았다. 지금까지의 일을 돌이켜 생각해 보니 비로소 친구에게 해줄 말이 생겼다. 일부러 우스꽝스러운 표정을 짓고 D에게 질문을 건넸다. '너는 내가 지금 불행해 보이냐?' 친구는 피식 웃으며 대답했다. "불행해 보이진 않네."

그래, 나는 불행하지 않다. 고3 마지막 기말고사 날, 백혈병에 걸려 수능은 물론이고 대입 자체를 포기했었지만 괜찮다. 10대의 마지막을 소아암 병동에서 보내며 세상과 단절된 삶을 살아보고, 죽을 고비도 넘겨봤지만 괜찮다. 치료가 다 끝난 지금도 마음껏 꿈꾸기보다 솔직히 건강부터 걱정해야 하지만 괜찮다. 내가 이제 그것들을 불행이라고 생각하지 않으니 괜찮다. 오히려 나는 얼마나 행복한 줄 모르겠다. 값없이 받는 평범한 하루하루가 정말 눈물 나도록 감사하다. 백혈병 그 자체만 보면 엄청난 불행이다. 그러나 역설적으로 그런 불행을 겪어봤기에 행복이 쉬워졌다. 나는 아프기 전에 행복이 정말 어려운 것인 줄 알았는데 그게 아니더라. 진짜 별것도 아닌 게 다 행복이더라. 가족들과 식사하는 것도, 저녁에 잠깐 바람 쐬면서 마시는 공기도 행복이더라. 친구야. 네가 열심히 준비한 만큼 실망도 클 거라는 걸 잘 안다. 하지만 딱 오늘까지만 힘들자. 행복만 하기에도 아까운 시간 아니냐. 내일부터 다 털고 스스로 진지하게 한번 고민해 봐. 무엇을 위해서 그 대학에 가려는 건지, 진정으로 꿈과 소망이 있어서 가는 거라면, 확실한 비전이 있으면 1년이 문제가 아니라 10년이 넘게 걸려도 그 시간은 가치 있는 거다. 근데, 혹시나 남들 시선 때문에 가려는 거면 대학 가서가 더 문제다. 네가 어떤 선택을 하든지 친구로서 응원하고 지지한다.

그동안 시험 준비하느라 고생 많았다며 말을 끝내자 친구는 가만히 고개를 끄덕였다. 내가 막연히 두려워했던, '늦음'에게 이제는 정면으로 맞서고 싶다. '조금 늦으면 뭐 어때?' 사람마다 삶의 모습은 각기 다르다. 그 자체로 존중받아야 할 삶들을 한 가지 기준에 집어넣어 판단하는 건 옳지 않다. 그러니 남들과 자신의 삶을 비교하며 마음 졸일 필요 없다. 대학, 토익, 자격증처럼 코드에 해당하는 것들도 중요하지만, 그보다 삶에서 우선하는 건 내가 어떤 사람인지, 나라는 악기가 어떤 원리로 소리가 나는지 고민하며 치열하게 이론을 탐구하는 과정일 거다.

인생은 경주가 아니다. 걸음이 느려도 괜찮다. 가끔은 넘어져도 괜찮다. 낙심하지 말자. 얼마나 빨리 달리고 있느냐가 중요한 게 아니라 온전한 나로서 올바른 방향으로 향하고 있느냐가 중요한 거다. 조급해하는 대신에 내 안의 목소리에 귀 기울여 보자. 누구에게 보이기 위한 내가

아닌 진정한 '나'로 거듭나 선을 행하자. 그렇게 삶을 살아
낸 사람들이 도착지에 닿으면, 세상 무엇과 견줄 수 없는
값지고 귀중한 선물을 받으리라고 믿는다.

내 안의 쓰레기들

🕶 쓰레기란 무엇일까? 더 이상 그 상태로는 사용 가치가 없는 물건, 쉽게 말하면 '버려야 하는 물건'이 곧 쓰레기다. 나는 쓰레기를 잘 버리지 못했던 적이 있다. 초등학교에 들어가기 전, 나는 작고 네모난 유치원 가방에 쓰레기를 한가득 넣고 다녔다. 땅바닥에 굴러다니는 비닐부터 옆구리가 찢어져 있는 과자 봉지, 아무것도 들어있지 않은 페트병까지 가방은 온통 쓰레기 더미였다. 어린 마음에 '쓰레기가 버려지면 슬퍼할 거야. 같이 있어 줘야지.' 생각했었다. 그래서 한동안 쓰레기를 가지고 다녔었다. 엊그제 분리수거를 하다가 문득 '쓰레기를 버리지 못하던 습관을 지금까지 갖고 있었다면 내 삶은 어땠을까?' 상상해 봤다.

쓰레기를 버리지 않고 집에 쌓아만 둔다면? 어휴, 생

각만 해도 끔찍하다. 집에선 퀴퀴한 냄새가 진동할 것이고, 산처럼 쌓인 쓰레기 때문에 제대로 쉬지도 못할 거다. 실제로 호더스(hoarders) 증후군이라고, 저장 강박 장애에 시달리는 사람들이 있는데, 그들은 정말로 쓰레기를 버리지 못해서 집에 한가득 쌓아만 놓고 산다. 평범한 사람들은 이해할 수 없는 행동이다. 쓰레기는 제때 버려야지. 왜 미련하게 갖고 있느냐고 묻는 사람들도 있을 거다. 나는 그들에게 되레 묻고 싶다. '진짜 쓰레기를 잘 버리면서 사나요?' 그들의 집은 깨끗할지 모른다. 그러나 마음속 쓰레기는 어떨까?

"아~ 그때 그 인간만 아니었으면 이렇게 되진 않았을 텐데."

"전에 그런 선택만 하지 않았어도 내 인생은 확 폈을 텐데."

당장 동네 식당에만 가도 들을 수 있는 소리다. 아저씨들이 소주병에 대고 과거의 선택을 후회하며 한숨을 내뱉는다. 후회는 불평이 되고, 불평은 비관으로 이어진다.

우리가 가장 먼저 버려야 할 쓰레기는 과거에 대한 집착이 아닐까. 이미 지나가 버린 것들에 대해 미련을 거두지 못하고 스스로를 자책하게 만들며 결국 우리의 지금을 더럽히는 쓰레기 말이다. 나 역시 마음 쓰레기를 한가득 가지고 살았다.

'내가 공부를 조금만 더 일찍 시작했어도 지금 엄청 편했을 텐데. 딱 1년 전으로만 돌아가고 싶다.'

친구들보다 공부를 늦게 시작했다. 뒤늦게 책을 펼쳐보니 철없이 놀던 과거가 사무치게 후회스러웠다. 만약 그때 하나님께서 소원을 물어보셨다면 '대한의 독립' 대신 '지금 기억 그대로 고등학교 입학식으로 돌려보내 주세요!' 했을 거다.

'백혈병만 아니었어도 정말 행복했을 텐데. 아프기 전으로 돌아가고 싶다.'

겨우 성적을 올렸는데 이번엔 백혈병이란다. 이젠 대

학 문제가 아니라 목숨이 달린 문제였다. '건강하던 내가 암이라고? 그럴 리 없어. 아마 꿈일 거야.' 현실을 부정하기에만 바빴다. 도무지 받아들일 수 없었다. 병실 창밖 너머로 평범한 일상을 보내고 있는 사람들을 보며 절망했다. 가만히 있어도 눈물이 나왔다. 차라리 새벽까지 공부하던 수험생 때가 좋았다. 아프기 전에 남들과 다를 바 없이 평범하게 살았던 과거가 그리웠다. 하루 종일 아프기 전으로 돌아가는 상상만 했다.

생각이 현재에 있지 않고 과거에만 매달려 있으니 점점 마음이 피폐해졌다. 과거를 떠올리면 떠올릴수록 우울의 심연 속으로 빠져들었다. 열심히 삶을 비관하던 어느 날, 갑자기 숨을 쉬지 못할 정도로 가슴이 답답했다. 누가 내 목을 조르고 있는 것 같았다. 심호흡하면서 겨우 마음을 진정시키는데, 위기감이 들었다. 이러다간 백혈병보다 우울증으로 죽을 것 같았다. 살길을 찾아야 했다. 과거로부터 어떻게 벗어날 수 있을까? 치열한 고민 끝에 나름대로 방법을 찾았다.

의식이 개입하는 거다. 떠오르는 것 자체는 막을 수 없지만, 과거의 일이 현재의 영역까지 침범하여 내 삶을 파괴하는 건 막을 수 있었다. 예를 들어 친구들과 재밌게 놀았던 학창 시절의 추억이 떠오른다면 딱 거기에서 끝내고 다시 생각하지 않았다. '옛날에 이렇게 좋았구나.'의 다음 단계를 '근데 지금은 왜 그럴까?'가 아니라 '음~ 그땐 그랬지'로 이끌었다. 과거와 현재의 영역을 확실히 구분 지으니 마음이 훨씬 편해졌다. 지나간 건 지나간 대로 받아들이고 구태여 붙잡지 않기로 했다.

옛날 기나라 땅에 한 사람이 살고 있었다. 어느 날, 그가 밥을 먹고 가만히 바람을 쐬면서 하늘을 올려다보는데, 문득 이런 걱정이 들었다고 한다. "내가 지금 올려다보는 이 하늘이 무너지면 어떡하지? 그리고 내가 밟고 있는 이 땅이 꺼져버리면 어떡해? 도망갈 곳도 없는데, 산 채로 깔려 죽는 건 아닐까?" 시간이 지날수록 그의 걱정은 더욱 깊어져서 나중엔 밥도 못 먹고 잠도 제대로 이루지 못했다. 주변 사람들은 그의 걱정을 없애주기 위해서 "정신 차려! 하늘이 무너질 일도 없고, 땅이 꺼질 일도 없어!" 타일러 봤지만, 그는 걱정을 거두지 않았다. 오히려 하늘에 걸려 있는 해와 달이 곧 떨어질 것이라며 새로운 걱정을 하기 시작했다. 걱정은 걱정을 낳고, 그는 그렇게 죽는 날까지 불안에 떨며 살았다고 한다.

이런 사람을 두고 '기인우천'이라고 한다. 쓸데없는 걱정으로 인생을 허비한다는 뜻이다. 나 역시 그렇게 살았던 때가 있었다.

무사히 이식을 마치고 집으로 돌아왔을 때 몸 상태는 나쁘지 않았다. 직접 방도 청소하고 책도 읽을 수 있었다. 불과 두 달 전까지 죽음과 사투를 벌였던 걸 생각하면 기적이었다. 그러나 내 마음은 좋지 못했다. 매일 악몽을 꿨다. 아니, 악몽이라고 불러도 될까. 소아암 병동에서 만난 아이들이 꿈에 나왔다.

병동 아이들이 살려달라고 울부짖는 꿈을 꿨고, 끝없이 이어진 병동 복도를 계속 뛰어다니는 꿈을 꿨다. 가끔 치료받다가 하늘나라로 떠난 아이들이 나오기라도 한 날에는 하루 종일 우울했다. 그리고 불안했다. 아프기 전에는 알지 못했다. 죽음과 마주한 사람만이 느낄 수 있는 두려움이 있다. 멀쩡히 잘 살다가도 언제든 다시 아플 수 있다. 또 다른 병에 걸릴 수도 있다. 어쩌면 어이없이 사고로 죽어 버릴지도 모른다. 세상을 떠난 사람들과 다른 점이라곤 고작 운이 조금 좋았을 뿐임을 깨달았기에, 당장 내일 죽을 수도 있다는 생각에 사로잡혔다.

걱정되는 건 죽음뿐만이 아니었다. 앞으로의 삶도 걱정이었다. 나는 가능성보다 한계가 훨씬 더 많은 사람이었다. 글도 쓰고 싶고, 공부도 하고 싶은데 체력이 따라주지 않는다. 고통 속에 있는 사람들에게 힘이 되어주고 싶은데 아무도 나에게 관심이 없었다. 세상의 빛과 소금이 되겠다는 포부가 있지만, 드높은 꿈에 비해 내가 가진 힘은 볼품없었다. 주눅이 들었다. 가진 거라곤 걱정과 불안밖에 없었다. 그런 내게 아버지는 성경을 통독해 보라고 하셨다. 삼 일째 되던 날, 마음을 울리는 구절을 발견했다. 마태복음 6장 31~34절이었다. "무엇을 먹을까. 무엇을 마실까. 무엇을 입을까 염려하지 마라. 하나님께선 이 모든 것이 너희에게 있어야 할 줄을 아신다. 그러니 너희는 먼저 그의 나라와 의를 구하라. 그리하면 이 모든 것을 너희에게 더하실 것이다. 내일 일을 위하여 염려하지 말라. 내일 일은 내일이 염려할 것이요. 한 날의 괴로움은 그날로 족하다."

오늘이 아닌 다른 날을 고민하지 말라는 거다. 나의 부족함에 매여 주저하지 말라는 거다. 인간은 얼마나 불완전한 존재인가. 그러나 우리를 이 땅에 보내신 분은 다르다. 실수가 없으신 분이다. 가는 길이 옳다면, 그의 이름으로 선을 행한다면, 부족한 부분을 이미 다 아시고 채워 줄 거다. 병원에서 있었던 일을 돌이켜 생각해 본다. '어떻게 살아야 합니까?'라고 물으니 나도 모르는 사이에 답을 알려주셨고 필요한 생각을 채워주셨다. 세상에서 나를 어떻게 사용하실지 그의 크신 계획은 다 알 수 없다. 그러나 분명한 건 내가 지금 사랑하며 살고 있다면, 알지 못하는 방법으로 나를 도우시고 이끌어 주실 거라는 사실이다. 마음을 다잡고 그저 믿을 수밖에.

벌어지지도 않은 일을 가지고 끊임없이 걱정하게 되면, 그 걱정은 우리의 가능성에 대한 불신이 되고, 불신은 삶을 가로막는 장애물이 된다. 미래를 꿈꿀 시간도 부족하다. 나에겐 낭비할 '지금'이 없다.

이용휴의 『탄만집』에는 이런 구절이 있다. "어제는 이미 지났고, 내일은 아직 오지 않았으니 이루고 싶은 일이 있다면, 다만 오늘이 있을 뿐이다." 그래, 후회한다고 과거로 돌아갈 수는 없다. 미래를 염려한다고 걱정이 해결되지 않는다. 걱정과 불안, 마음 쓰레기들은 저 멀리 던져버리고 오롯이 지금에만 집중하기로 하자.

별빛을 닮은 삶

집에서 휴대전화를 하고 있는데, 친구가 메신저로 다큐멘터리 영상을 보내주었다. 우주 다큐였다. 지구와 태양계, 태양계와 우리 은하, 우리 은하에서 라니아케아 초은하단까지. 영상은 인간의 지각으로는 가늠하기 힘들 정도로 광대한 우주의 크기에 대해 다루고 있었다. 흥미롭게 보긴 했지만, 뜬금없이 우주 다큐 영상이라니, 도대체 왜 보낸 걸까?

'이게 뭐야?'

"내가 힘들 때마다 보는 영상인데, 너 보여주고 싶어서 보내봤어."

웃음이 터졌다. 힘들 때마다 우주 다큐 영상을 본다

니, NASA 직원들도 그 정도는 아닐 것이다. 친구를 놀리고 싶은 마음을 꾹 참고 그 이유를 물어봤다.

'힘들 때 그걸 왜 봐? ㅋㅋ'
"그냥 넓은 우주 안에서 나는 엄청 작잖아."
'응.'
"나도 그렇고, 내 고민도 진짜 아무것도 아니라는 생각이 들면 마음이 좀 편해지더라."
'그래?'

음, 그렇게 생각할 수도 있겠다. 조금은 이해가 되었지만 동시에 의문이 들었다. 인간의 가치에 관한 질문이었다. 넓은 우주 안에서 인간은 정말 작은 존재이긴 한데, 그래서 인간은 아무것도 아닌 존재일까? 아무것도 아닌 존재라면, 우리가 만들어 나가는 삶이 허망하지 않나? 그 친구는 자기를 어떻게 생각하나 싶어서 다시 한번 질문을 건넸다.

'야, 뜬금없긴 한데 너는 너 스스로를 어떻게 생각하냐?'

"갑자기? 그런 생각 한 번도 안 해봤는데."

'그래? 지금 해보면 되겠다.'

"그냥 사람?"

'그냥 사람이 뭔데?'

"잘 모르겠네. 근데 딱히 좋은 존재는 아닌 듯."

더는 집요하게 물어볼 수 없을 것 같아 대화를 마쳤다. 과연 인간이란 무엇일까? 그래, 어쩌면 인간은 먼지일지도 모른다. 그러나 존재만으로도 이미 형언할 수 없는 가치를 지닌 존재가 아닐까? 우주를 통틀어 인간 같은 존재는 없다. 친구의 말처럼 우주는 정말 거대하다. 하지만 우주라는 무한한 공간 속에서 숨을 쉬고, 사유하고, 더 나은 삶을 꿈꾸고, 밝은 내일을 만들기 위해 애쓰며, 타인과 교류하면서 살아가는 존재가 인간을 제외하고 또 있을까? 우리가 아는 범위 내에는, 죽음이 가장 일반적인 우주에서 능동적으로 삶을 살아가고 있는 존재는 인간밖에 없다. 그러니 얼마나 귀한 존재인가. 단 한 사람도 빠짐없이 절대자의 한없는 사랑과 은혜를 받고 사는 우리는 얼마나 복된 존재인가. 사람마다 그를 닮은 별이 있다고 한다. 우리는 존재만으로도 이미 밤하늘의 별처럼 빛난다.

그런데도 왜 많은 사람이 자신의 존재 가치를 부정하는 걸까? 과거에 비해 물질적으로는 풍요로워졌지만, 마음은 빈곤해졌다. 자신의 가치를 스스로 인정하는 대신 남과의 비교를 통해 가치를 획득하려 한다. 어떤 커뮤니티에선 월급에 따라 자신 혹은 타인을 '200 충', '300 충'이라 부르며 비하한다. 중소기업을 다니면 '중소 충', 사는 집이 월세면 '월세 충', 대학을 나오지 않았으면 '고졸 충'이다. 심지어 열심히 노력하며 사는 사람들을 '노력 충'이라 부른다. 그저 일부만의 이야기일까? 우리는 아파트 평수로 삶의 너비를 판단하고 연봉으로 서로를 가늠한다. 미국의 중산층 기준은 사회적인 약자를 돕고 부정과 불법에 저항하는 데 있다고 한다. 프랑스의 기준은 외국어를 하나 정도 하고, 다룰 줄 아는 악기가 있어야 하며 봉사활동을 꾸준히 하는 것이라고 한다. 우리나라의 중산층 기준은 어떨까? 부채 없이 30평 이상의 아파트를 소유하고 있고, 월 급여가 500만 원 이상이며, 1년에 1회 이상 해외여행을 다녀야 중산층이라고 한다. 한국은 삶의 기준이 물질에 치중되어 있다.

여름이면 에어컨을 켜기 전에 필터를 청소한다. 그러지 않으면 세균이 꼬여 냄새가 나고 먼지가 생겨 공기의 흐름을 막는다. 우리의 마음도 마찬가지다. 매일 마음을 새롭게 해야 한다. '비교'라는 먼지를 주기적으로 털어내지 않으면 마음의 필터는 꽉 막혀버릴 거다. 우리 안에 살아 있는 비교는 우리가 잘 사는 꼴을 절대 보지 못한다.

"야, 너 이것밖에 안 돼? 다른 친구들은 하루에 12시간씩 공부한대."

'뭐? 나는 그것보다 더할 수 있어. 두고 봐. 난 꼭 성공할 거니까.'

대입을 준비할 때는 비교에 지배당한 채 살았다. 남들이 좋은 대학에 가면 그들의 가치는 높아지고 나의 가치는 낮아진다고 생각했다. 나의 존재 가치를 높이기 위해선 그들보다 높은 성적을 받아 좋은 대학에 가야 했다. 누군가는 경쟁이 비교의 순기능이라고 한다. 글쎄, 경쟁해서 높은 자리에 오르면 행복해질까. 성취를 얻기 위해 자신을 계속 채찍질하는 삶이 과연 정상적인 걸까. 뚜렷한 목적도 없이 남들과 경쟁하는 일에 어떤 의미가 있을까. 보석을 가득 실었다고 해도, 정확한 목적지와 방향도 없이, 그저 다른 선박보다 빨리 가기 위해서 기름만 계속 태우고 다니는 배가 무슨 의미가 있을까?

"야, 네 꼴 좀 봐. 누가 너를 좋아해 주겠냐? 이렇게 못 났는데."

'그러게나 말이다.'

항암치료를 받기 전에도 그리 잘난 얼굴은 아니었다. 그래서 외모에 딱히 관심이 없었다. 그렇지만 짧은 시간에 달라진 모습은 그런 내게도 충격이었다. 머리카락은 듬성듬성 빠져있고 몸무게가 줄어서 딱할 정도로 홀쭉해졌다. 구겨진 환자복에 생기 잃은 눈빛. 거울 속 모습은 정말이지 볼품없었다. 다른 사람들은 모두 빛나고 있는 것처럼 보였다. 연예인처럼 예쁘고 잘생긴 사람도 많았고 똑똑하고 멋진 사람도 넘쳐났지만, 무엇보다 부러운 건 건강이었다. 병원에 갇혀 창밖만 바라보고 있는 나와는 다른 사람들. 진짜 세상에서 꿈꾸고 사랑하며 일상을 살아가는 사람들이 한없이 부러웠다. 세상에 나의 자리는 없는 것 같았다. 나는 아무것도 아닌 존재 같았다. 비교는 세상과 나를 가로막는 벽이었다.

투병 생활을 하며 비교의 무서움을 뼈저리게 느꼈다. 비교하는 삶은 무거운 짐을 지고 오르막길을 걷는 것과 같다. 험한 인생의 골짜기를 앞두고 삶을 버릴 것인가. 비교를 버릴 것인가. 더 이상 삶의 가치를 바깥에서 찾지 않기로 했다. 남들이 돈을 벌든 말든, 명문대를 졸업했든 문맹이든 나와 상관없는 일이다. 비교를 버리면 가벼워진다. 나보다 많이 가졌다고 기죽을 필요 없다. 적게 가진 이에게 저급한 우월의식을 내비칠 이유도 없다. 사돈이 땅을 사면 기꺼이 손뼉을 쳐주기로 했다.

인간의 가치는 존재 자체로부터 나온다. 그러니 굳이 증명하기 위해 살 필요는 없다. 최근 몽골로 여행을 갔었다. 낡은 푸르공을 타고 며칠을 달려 몽골의 대초원에 도착했다. 그곳에선 별이 쏟아져 내리는 것처럼 보였다. 높은 빌딩과 조명에 가려진 도시의 하늘과는 다른 세상이었다. 타인과의 비교도 마찬가지 아닐까. 별빛보다 아름다운 조명이 있을까. 우리 안에는 밤하늘 별보다 빛나는 생명이 깃들어 있다. 나는 좋은 사람들과 함께 별을 보며 다짐했다. 내 안에 깃든 별빛을 사랑하기로. 세상 무엇보다 아름다운 내 꿈과 사랑을 위해 살아가기로.

단순함의 미학

🐝 "연호야, 아직도 몽골 갈 사람 구하고 있어?"

'네, 근데 아무리 찾아봐도 없네요. 혼자 가야 할 것 같아요.'

"오, 그럼 같이 갈래? 여름방학 때 연수 취소돼서 나 시간 비거든."

'정말요? 저야 좋죠. 같이 갈 사람들 또 구해봐요!'

봄바람이 살랑살랑 불어오던 4월이었다. 청년부 예배가 끝나고 갈 준비를 하는데, 청년부 회장인 희연 누나가 반가운 제안을 했다. 사실 전부터 몽골에 같이 갈 사람을 구하고 있었다. 왜 몽골이냐고? 쏟아져 내릴 듯한 별을 보고 싶었다. 광활한 대초원을 보고 싶었다. 고운 모래가 잔뜩 있는 사막을 맨발로 걸어보고 싶었다. 전부터 가지고 있던 의문을 풀고 싶었다. 황량한 초원밖에 없는 몽골에서 어떻게 세계를 지배했던 대제국이 탄생했을까? 그 삶의 현장을 두 눈으로 보고 싶었다. 짜릿한 깨달음을 얻고 싶었다. 그래서 몽골은 꼭 가야만 했던 곳이었다.

"사막에서 잊지 못할 경험을 만들어 보자!" 본격적으로 몽골 여행을 추진하니 생각보다 많은 사람이 모였다. 처음에는 희연 누나와 나뿐이었지만, 마침 몽골에 가고 싶다던 혜인 누나와 규하 형이 참가하고. 각자 지인들을 데려오며 점점 인원이 늘더니 총 10명의 몽골 탐험대가 모였다. 비대면 회의로 인사를 나누고, 가격과 동선을 고려해 여행사를 선정하고 항공권을 끊었다. 여행을 준비하는 몇 달 동안 매 순간 설렜다.

어느덧 몽골로 떠나기로 한 8월 2일이 되었다. 아침부터 바쁘게 전주에서 인천으로 출발했다. 휴게소에 들러 목베개도 사고, 잠깐 눈을 좀 붙였다 일어나니 벌써 인천공항에 도착했다. 공항에 오니 여행을 간다는 게 실감이 난다. 비행기를 타기 위해 체크인도 하고, 느긋하게 면

세점을 구경하다가 시간이 되어 몽골행 비행기에 올랐다. 감격스러운 마음이 들었다. 불과 2년 전까지만 해도 병원에 있었는데, 이렇게 몸이 회복돼서 여행도 떠나다니. 모든 것에 감사했다.

3시간의 비행 끝에 드디어 몽골에 도착했다. 공항에서 여행사 가이드님을 만나 간단한 인사말을 배웠다. "셀 베노!" 이건 안녕하세요라는 뜻이고, "바야를라!" 이건 감사하다는 뜻이다. "바야를라" 할 때는 발음을 조금 굴려서 "바야~흘~라" 하면 더 좋다. 그게 원어민 발음이라고 한다. 몽골어를 연습하며 일행과 함께 웃고 있는데, 가이드님이 말했다.

"이제 숙소로 갈 시간이에요! 다들 저를 따라와 주세요."
'네~!'

가이드님의 차를 타기 위해 공항을 나섰다. 몽골의 바람을 처음 맞는 순간, 탄성이 절로 나왔다. 사방에서 불어오는 시원한 바람과 끝없이 펼쳐진 초록색 평야를 보니 가슴이 뻥 뚫리는 듯했다. 마음이 날개를 달고 훨훨 날아가는 듯했다. 몽골의 첫인상은 '자유'였다. 두 팔을 벌리고 자유를 마음껏 만끽했다.

숙소로 가는 길이었다. 평화롭게 풀을 뜯고 있는 양들, 멋있는 말을 타고 평야를 질주하는 몽골 사람들, 기막히게 화창한 날씨, 나무 한 그루 없이 쭉 뻗어있는 몽골의 대지를 열심히 눈에 담으며 생각했다. '여기에 사는 사람들은 무슨 생각을 하면서 살까?' 만약 내가 여기에서 살았다면, 복잡한 생각을 하지 않았을 것 같다. 달리고 싶으면 숨이 찰 때까지 달릴 거다. 눕고 싶으면 땅을 베개 삼고 하늘을 이불 삼아서 누울 거다. 살던 곳을 떠나야 할 땐, 내 양을 배불리 먹여주는 자연을 믿고 미련 없이 떠났을 거다. 정말 단순하게 살았을 거다.

나는 생각이 참 많다. 생각이 많은 만큼 쓸데없는 걱정도 많다. 스스로에 대해 늘 의심하고, 새로운 도전을 해보기도 전에 걱정하면서 머뭇거렸다. 남의 시선을 의식하며 주저하기도 했다. 독립적인 선택이 부담스러워서 누군

212

가 내 삶의 방향을 선택해 주고, 이끌어 주길 원한 적도 있다. 복잡한 세상 속에서 생각 많은 사람으로 산다는 건, 피곤하고 어려운 일이다.

대제국을 건설했던 몽골 사람들은 어땠을까? 무엇을 시작하기도 전에 주저하면서 복잡하게 고민만 했을까? 자신의 마음이 향하는 대로 자유롭게 살지 않았을까. 피곤한 생각에 얽매여있기보다 일단 부딪혀보지 않았을까. 광활한 초록색 들판을 늘 마음속에 품고 살지 않았을까. 어떤 구속도 없이 마음껏 뛰놀며 자연스럽게 스스로에 대한 믿음을 키우지 않았을까. 그들이 성공할 수 있었던 비결은 단순함 아니었을까.

삶에서 단순함이 필요할 때가 있다. 살다가 어떤 문제가 닥쳤을 때, 스스로 의심하며 고민에 매여있기보다 일단 부딪혀보기로 하자. 장애물은 문제 자체가 아니라 그 문제를 절망적으로 바라보고 있던 나 자신이었다. 나를 이 땅에 보내신 분을 믿고 나아가기로 하자. 끝없이 펼쳐진 몽골의 초원을 달리며, 단순하지만 굳건한 마음을 품고 새로운 삶을 살아가기로 다짐했다.

어쩌면 내가 될 수도 있으니까

🕶️ 몽골 여행 삼 일차 되던 날, 아시아의 그랜드캐니언 이라는 차강 소브라가에서 고비사막으로 가는 중이었다. 몽골은 여행지 간의 거리가 길어서 차를 타고 이동하는 시간이 많다. 사막을 보기 위해 아침 여덟 시부터 차에 올랐다. 비포장도로가 계속 이어져 있다. 울퉁불퉁한 길을 달리는 차 안에서 내 몸은 끊임없이 덜컹거린다. 어지럽고 지친다. 가이드님께 고비사막까지 얼마나 남았냐고 물으니 이제 겨우 절반쯤 왔단다. 벌써 5시간째 차에 있는데, 반절이 더 남았다고? 일행을 돌아보니 모두 지친 기색이 역력했다. 나는 아예 혼이 나가 있었다. 사실 어젯밤에 한숨도 못 잤다. 말젖으로 만든다는 마유주가 탈이었다. 마동석 닮은 유목민 아저씨가 대뜸 마셔보라며 내밀었는데, 이것도 경험이다 싶어 한 모금 마신 것이 문제였다. 새

벽 내내 배탈이 나서 화장실을 들락거렸다. 다행히 아침에는 잦아들었지만, 컨디션이 엉망이었다.

　　창밖 너머 허허벌판을 바라보며 언제쯤 도착하려나 하는데, 갑자기 뒷바퀴에서 "덜컹"하는 소리가 났다. 그리고 차가 멈췄다. 분위기가 순식간에 싸해졌다. 앞에 있는 기사님이 몽골 말로 횡설수설한다. 듣고 있던 가이드님은 난처한 표정을 짓더니 우리에게 기사님의 말을 통역해주었다.

　　"뒷바퀴가 돌에 걸려서 뒤로 밀렸다고 하네요. 바퀴를 고쳐야 갈 수 있대요. 차 고칠 때까지 잠깐 내려야 할 것 같아요."
　　'아 그래요? 원래 이런 상황이 흔하게 일어나는 건가요?'
　　"아니요……. 저도 처음 겪어봐요."
　　'네? 아, 네.'

　　그렇게 벌판 한가운데 멈춰 섰다. 뒷바퀴가 밀렸다

고? 앞으로 조금만 당겨보면 되겠지 싶어서 가벼운 마음으로 기다리고 있는데, 이게 웬걸. 한 시간이 넘도록 고쳐질 기미가 없었다. 홀로 생각이 많아졌다. 오늘 안으로 사막을 볼 수는 있을까? 계획대로 여행을 잘 마칠 수 있을까? 생각지도 못한 변수 앞에서 마음이 착잡해졌다.

"어? 저기 누가 온다."
'그냥 지나가는 사람 아니에요?'
"우리 쪽으로 오는 것 같은데?"
'어, 진짜네요.'

그때였다. 마침 지나가던 차 한 대가 우리 곁으로 다가왔다. 열 명 남짓한 사람이 벌판 한가운데 멈춰서서 가만히 있는 게 이상하다 싶었겠지. 이윽고 가족으로 보이는 세 명의 사람이 내려서 기사님과 함께 차를 고치려고 이것저것 시도해 보셨다. 쉽게 못 고친다는 걸 깨달으셨던 걸까. 가이드님과 몽골 말로 이런저런 대화를 나누시는데, 가이드님의 얼굴에 순간 화색이 감도는 걸 봤다. 가이드님이 오셔서 상황을 설명해 주셨다.

"여기 가족분들이 고비사막까지 태워다 주신다고 하네요."

'와 정말요?'

"네, 마침 가는 길이 그쪽이라고. 일단 신세를 좀 져야 할 것 같아요. 기사님은 차 고쳐서 내일까지 오신다고 하네요."

'아, 네.'

순박한 미소와 따뜻한 마음씨를 지닌 몽골 가족의 도움으로 무사히 고비사막에 도착했다. 사막에서 낙타 체험도 하고, 모래 썰매도 타며 즐겁게 그날의 일정을 마무리했다. 개운하게 목욕을 마친 다음 시원한 콜라를 마시면서 가이드님께 오늘 있었던 일에 대해 질문을 던졌다.

'가이드님, 몽골분들은 원래 이렇게 정이 많아요?'

"네?"

'그냥 지나칠 수도 있었는데 자기 일처럼 챙기고 도와주는 모습이 인상 깊어서요.'

"아~ 몽골은 땅이 넓은데 사람은 별로 없잖아요. 그

래서 누가 어려운 상황에 있으면 도와줘야 해요. 내가 아
니면 도와줄 사람이 없을 수도 있잖아요. 다들 그렇게 도
와주면서 살아요. 나중엔 내가 그렇게 될 수도 있는 거니
까. 도울 수 있는데도 안 도와주면 천벌 받죠~"

　　그래, 사람이 사람을 돕는데 무슨 이유가 필요할까.
곤경에 처한 사람을 보면 돕고 싶은 마음이 드는 게 인지
상정 아닌가. 지금 이웃이 겪고 있는 아픔을 나중엔 내가
겪게 될 수도 있으니. 함께 더불어 사는 세상, 서로의 아
픔을 보듬어주고 어려움이 있으면 채워줘야 하지 않을까.
우리를 그냥 지나치지 않았던 그 몽골 가족처럼 나도 누
군가의 고립을 그냥 지나치지 않으리라. 그날 밤, 내게 선
한 마음과 그것을 베풀 수 있는 용기를 달라고 기도를 드
렸다.

내가 만들어진 이유

헬스장에서 유산소 운동을 하다가 목이 말라 아무 생각 없이 옆에 놓인 물병을 집어 벌컥벌컥 마셨다. 거칠어진 숨을 고르며 텅 빈 물병을 바라보다 문득 이런 생각이 들었다. '얘는 뭘까?' 일회용 플라스틱 물병이다. 어느 회사가 분명한 상업적인 목적을 가지고 '깨끗한 물을 담을 통'이 필요해서 만든 거다. 존재하는 모든 것들엔 만들어진 이유가 있다. 책은 지식 전달의 목적을 가지고, 연필은 글을 쓰기 위한 도구의 목적으로 존재한다. 심지어 어젯밤에 내가 노트에 그린 낙서도 분명한 존재 이유를 가지고 있다. 그 낙서의 주인인 장연호의 즐거움을 위해 만들어진 거다. 이처럼 아주 작은 것에도 만들어진 이유가 있는데, 물병 따위보다 훨씬 더 크고 가치 있는 존재인 인간이 아무런 목적 없이 세상에 존재하는 걸까? '어쩌다 보니' 생겨난 사람은 존재하지 않는다. 저마다 마땅한 이유를 가지고 창조되었다. 과연 인간은 무엇을 위해 존재하는 걸까? 세로로 길게 뻗어있고, 둥근 모양이며 플라스틱으로 이루어진 물체가 '물을 담고 있음'을 보고 '물병'이라고 하듯이 인간 역시도 '존재하는 과정' 즉 삶을 통해 만들어진 목적을 알 수 있지 않을까? 답을 찾기 위해서 다른 사람들의 삶을 유심히 지켜보았다.

올해 3월부터 매주 금요일마다 김제의 한 유치원으로 가서 아이들과 놀아주고 있다. 팔월의 어느 날이었다. 아이들과 같이 체조도 하고, 얼음 땡 놀이도 하고, 좀비 게임도 하면서 즐겁게 놀다가 갈 시간이 되어서 슬슬 떠날 준비를 하고 있었다. 그러자 한 아이가 쪼르르 달려와서 내 다리를 꽉 붙잡고 말했다.

"선생님~ 선생님도 포켓몬 스티커 있어요?"
'응. 몇 개 있는데 왜?'
"오! 그럼 저 주세요! 저 포켓몬 스티커 모으고 있거든요. 우리 형보다 많이 모아야 하는데."

‘그래, 한 번 찾아볼게. 다음 주에 보자~’

“아싸! 안녕히 가세요~”

이 아이는 포켓몬 스티커를 모으겠다는 목적이 있다. 그저 단순히 ‘포켓몬 스티커를 얻는 것’이 아니라 ‘형보다 더 많이 포켓몬 스티커를 갖는 것’이 목적이다. 우연히 유튜브에서 본 래퍼는 자기는 많은 돈을 벌기 위해 산단다. 도대체 많은 돈의 기준이 뭘까? 생활이 윤택할 정도가 아니라 남들보다 많은 돈을 버는 것이 목적이다. 어느 스무 살 여대생은 명품 가방을 사게 돈을 벌고 싶다고 했다. 오백 원 에코백도 가방의 기능은 하는데 왜 힘들게 돈을 벌어서 명품 가방을 사려고 할까? 남들이 인정해 주는 명품 가방을 들고 다니면서 체면을 세우려는 게 목적일 거다. 수험생 때의 나는 좋은 대학에 가는 게 삶의 목적이었다. 정확히 말하면 남들에게 인정받는 대학에 가는 것이 목적이었다. 삶에는 경쟁이 있었다.

그렇다면 내 존재 이유는 경쟁을 위함인가? 남들과의 경쟁에서 이기는 것만이 내 존재 가치를 세울 수 있는 유일한 길일까? 학창 시절엔 옆에 있는 친구보다 높은 성적을 받아야 하고, 사회에 나와선 최대한 빨리 성공을 거둬야 한다고 배웠다. 성공이 뭘까? 어차피 절대적인 기준은 없지 않은가. 남들과 비교해서 꿇리지 않을 정도의 성취가 전부일까. 그걸로는 채워지지 않는 무언가가 있기 때문에 대학, 직장, 집, 심지어 반려견까지. 끊임없이 계급을 만들고 서열을 세우는 건 아닐까? 비교로는 채울 수 없는 무언가. 경쟁으론 채울 수 없는 무언가가 있지 않을까.

경쟁이 잘못된 것은 아니겠으나, 그 자체가 삶의 목적이 되어서는 안 되겠지. 경쟁과 비교의 끝은 공허뿐이다. 물병에 공기를 가득 채우면, '공기병'이 되어 버리는 건가? 그렇지는 않을 거다. 인간도 마찬가지 아닐까. 사람은 경쟁을 위해 세상에 온 것이 아니다. 삶은 비교로는 채울 수 없다. 단지 '기능'하는 것만이 존재의 목적이 될 수는 없다. 하나님께서 인간을 만드실 때, 그분이 주실 수 있는 사랑을 가득 담아서 만드셨다고 한다. 사랑이란 무엇일까? 사랑은 인간을 가장 인간답게 만든다. 우리에게 주어진 짧은 시간에서 영원을 볼 수 있게 해준다. 사랑은 불가능한 일을 가능하게 한다. 사람이 사람답고, 가족이 가족답고, 사회가 아름다워지려면 사랑이 있어야 한다고 믿는다. 사랑은 내 삶의 목적이 되어야 한다. 내가 만들어진 목적은 분명 사랑일 거다. 깨끗한 물을 담고 있는 물병처럼 내 삶에 사랑을 가득 담아야겠다.

에필로그

    당신에겐 생각만 해도 가슴이 따뜻해지는 추억이 있나요? 저는 고등학교 졸업식이 떠오르네요. 겨울바람이 매섭게 불던 날이었어요. 병원에 있으면서 그토록 학교를 그리워했는데도 감격스럽기보다 왠지 어색한 기분이 들었어요. 학교도 친구들도 그대로인데 저만 많은 것이 변해 있었기 때문이었죠. 약물 부작용으로 몸은 야위었는데 얼굴만 잔뜩 부어 있었죠. 모조리 빠져버린 머리카락을 가리려고 두꺼운 비니를 쓰고, 약해진 면역력 때문에 마스크만 세 장이나 겹쳐 쓰고 있었죠. 허수아비처럼 학교 앞을 서성이고 있을 때였어요. 그때 뒤에서 부르는 소리가 들렸어요. 3학년 담임선생님, 조기범 선생님이셨어요.

    "이게 누구야! 연호 아니야!"

'아, 안녕하세요!'

"그동안 고생 많았지? 몸은 어때?"

'많이 괜찮아졌어요.'

"정말 다행이다. 기도 많이 했어. 우리 연호 잘되라
고……."

당신께서는 나를 위해 기도를 많이 드렸다고, 앞으로는
건강만 하자면서 제자의 손을 따뜻하게 잡아주셨어요. 선
생님의 눈가에 눈물이 맺힌 걸 보면서 먹먹했지요. 목이
메어서 감사 인사도 제대로 드리지 못했네요. 그뿐만이
아니었어요. 만나는 친구마다 저를 부둥켜안고 보고 싶었
다며 소리를 지르더군요. 정답게 이야기를 나누며 웃음꽃
을 피웠지요. 물론 귀한 경험은 학교에서만 있었던 게 아
니었어요. 교회에서도, 병원에서도, 저와 인연이 닿았던
모든 사람이 제 손을 잡아주었죠. 그동안 기도 많이 했다
고, 앞으로의 삶을 응원한다며 등을 토닥여주었어요. 모든
분께 말로 표현할 수 없는 감사를 느꼈어요. 그러나 한편
으론 이런 생각도 들더군요. '내가 뭐라고, 이렇게나 많은
사람의 기도와 응원을 받는 걸까?'

어느 날인가 잠들기 전 기도를 드리고 있을 때였어요. 오늘도 넘치는 은혜를 주셔서 하루를 무사히 보냈다고, 그날 있었던 감사를 고백하다 가슴이 먹먹해져 말을 잇지 못했어요. 제 손을 잡아주었던 사람들의 얼굴이 떠올랐기 때문이었어요. '저처럼 부족한 사람에게 왜 이토록 많은 걸 주셨습니까? 이 은혜를 제가 어떻게 다 갚을 수 있을까요?' 기도하다 말고 눈물을 터뜨리고 말았답니다.

저는 엄청난 빚을 졌습니다. 새로운 삶을 허락하여 주신 분께도, 이 세상에도 정말 많은 빚을 졌습니다. 저를 위해 울어주고 기도해 주신 많은 분께 결코 다 갚지 못할 마음의 빚을 졌습니다. 하지만 그래서 저는 행복합니다. 앞으로 이 세상에 갚아 나가야 할 게 많아서 얼마나 행복한 줄 모르겠습니다. 마음의 빚은 마음으로 갚는 거라고 들었습니다. 누군가가 이미 저에게 그렇게 하셨듯이, 저도 힘든 상황에 놓인 사람들을 위해 울어주고, 손을 잡아주겠습니다. 진심으로 이웃을 사랑하고 좋은 세상을 만들기 위한 노력을 멈추지 않겠습니다. 두 번째 삶은 빚을 갚아 나가는 기나긴 여정이 될 것 같습니다. 여정의 첫걸음으로 이 책을 내어놓습니다. 힘겨운 투병 생활을 견디고 있는 환우분들께 자그마한 빛이 되길 소망합니다. 이 책의 인세를 서울아산병원 소아 완화의료팀 <햇살나무>에게 기부하려 합니다. 제 이야기가 병원에서 생일을 맞는 아이들에게 달콤한 케이크 한 조각이 된다면, 그날 아이들을 웃음 짓게 만들 수 있다면 그보다 귀한 감사와 보람은 없을 겁니다.

또한, 끝에서 시작을 바라볼 수 있도록 도와주신 은인분들께 감사의 말씀 전합니다. 혼자라면 절대 버티지 못했을 투병 기간에 보호자로 곁을 지켜주시며 언제나 아낌없는 사랑으로 간호해 주신 우리 아버지 감사합니다. 아들의 암 투병이라는 가정의 대혼란 속에서 묵묵히 삶의 자리를 지켜주신 우리 어머니, 오빠에게 새 생명을 선물해 주고 항상 자신보다 남을 먼저 생각하며 배려할 줄 아는 착한 내 동생 민지, 사랑하는 우리 가족 감사합니다.

많은 위로와 응원을 건네주시며 든든한 삶의 위로자가 되어주셨던 집안의 어른들과 형제자매들 모두 감사합니다. 아픈 조카를 곁에서 물심양면 챙겨주시고 돌봐주신 막내 이모 김윤희 간호사님 감사합니다. 병원에 있는 내가 외롭지 않게 각자 자신만의 방법으로 힘이 되어주었던 친구들 모두 고마워. 너희들의 밝은 미래를 항상 진심으로 응원해. 알지?

백혈병 진단 이후에 절망의 심연 속에서 고통받고 있던 저를 완치에 대한 희망으로 채워주신 서울아산병원 146병동 의료진분들께 감사드립니다. 임호준 교수님, 최은석 간호사님 감사합니다. 오직 저 하나만을 위해 기도회를 열어, 한마음으로 완치를 기도해 주신 전주신흥고등학교 선생님들께 감사드립니다. 새 삶에 대한 꿈을 늘 응원해 주시는 동암고 임종일 선생님께도 감사드립니다.

저를 향한 기도가 끊이지 않게 해주신 전주동인교회 지체 여러분 감사합니다. 직접 따뜻한 위로 전해주신 안광찬 목사님과 이광주 권사님 감사합니다. 작가가 출판사의 재산이라고 말씀해 주시며 제 이야기가 세상에 온전히 전해질 수 있게 다리가 되어주신 도서출판이곳 박윤희 대표님, 좋은 원고를 위해 함께 애써주신 김민 작가님 감사합니다.

원치 않는 질병의 고통 속에서 힘겹게 살아내고 계실 환우분들께 몇 자 적습니다. 감히 여러분의 고통을 제가 다 헤아릴 수는 없지만, 끝이 잘 보이지 않는 싸움을 하시며 많이 힘들고 외로우실 줄 압니다. 그러나 우리는 혼자가 아니라는 사실 하나만 기억해 주셨으면 좋겠습니다. 멀리서 당신의 회복과 기쁨을 위해 기도하는 한 청년이 있다는 것도 알아주셨으면 좋겠습니다. 긴 글 읽어주신 독자분들께 감사의 말씀 전합니다. 늘 건강하시고, 평안하시길 바랍니다. 우리 모두의 삶에 크신 은혜가 함께하여 곳곳에 넘치는 행복만이 있기를 소망합니다. 아멘!

Thanks to 의료진

강성한 강우엽 강혜지 고영권 김나연 김다예 김도형

김서연 김소영 김안진 김영분 김윤희 김지영 김지윤

김지현 김혜미 권세화 권오철 권현희 두윤숙 박명지

박소현 박유경 박인애 서유리 신승주 신주아 신지윤

안경혜 이경진 이소영 이승연 이은송 이은옥 이지은

이지현 이지혜 이진아 이현정 이희라 임옥빈 임지연

임호준 정소라 정은선 정주영 정지우 정찬주 정혜영

진은경 최영화 최유리 최은석 최지원 최진희 하선경

하수현 홍정은 홍주은 황경혜 황성택 황수진

끝에서 바라본 시작

1판 1쇄 발행   2023. 12. 25

지 은 이   장연호
발 행 인   박윤희
편   집   김민
발 행 처   도서출판 이곳
디 자 인   디자인스튜디오 이곳
일러스트   팀.분주혜 (인스타그램 @boonzoohye)
등   록   2018. 10. 8 신고번호 제 2018-000118호
주   소   서울 송파구 송파대로44길 9(송파동)
팩   스   0504.062.2548

ISBN 979-11-93519-07-3(03190)

홈페이지   https://bookndesign.com
이 메 일   bookndesign@daum.net
블 로 그   blog.naver.com/designit
유 튜 브   도서출판이곳
인스타그램   @book_n_design

이 도서의 국립중앙도서관 출판예정도서목록은 서지정보유통지원시스템 홈페이지(http://seoji.nl.go.kr)와
국가자료종합목록시스템(http://www.nl.go.kr/kolisnet)에서 이용하실 수 있습니다.